U0583567

权威·前沿·原创

皮书系列为
"十二五""十三五"国家重点图书出版规划项目

社会组织蓝皮书

BLUE BOOK OF
SOCIAL ORGANIZATIONS

中国社会组织评估发展报告
（2018）

ANNUAL REPORT ON SOCIAL ORGANIZATIONS EVALUATION
IN CHINA (2018)

主　编／徐家良

社会科学文献出版社
SOCIAL SCIENCES ACADEMIC PRESS（CHINA）

图书在版编目（CIP）数据

中国社会组织评估发展报告. 2018 / 徐家良主编
. −− 北京：社会科学文献出版社，2018.12
（社会组织蓝皮书）
ISBN 978 − 7 − 5097 − 6636 − 1

Ⅰ. ①中…　Ⅱ. ①徐…　Ⅲ. ①社会团体 − 评估 − 研究
报告 − 中国 − 2018　Ⅳ. ①C232

中国版本图书馆 CIP 数据核字（2018）第 281477 号

社会组织蓝皮书
中国社会组织评估发展报告（2018）

主　　编 / 徐家良

出 版 人 / 谢寿光
项目统筹 / 杨桂凤　童根兴
责任编辑 / 杨桂凤　隋嘉滨　任晓霞

出　　版 / 社会科学文献出版社·社会学出版中心（010）59367159
　　　　　　地址：北京市北三环中路甲 29 号院华龙大厦　邮编：100029
　　　　　　网址：www.ssap.com.cn
发　　行 / 市场营销中心（010）59367081　59367083
印　　装 / 三河市龙林印务有限公司

规　　格 / 开　本：787mm × 1092mm　1/16
　　　　　　印　张：12.75　字　数：187 千字
版　　次 / 2018 年 12 月第 1 版　2018 年 12 月第 1 次印刷
书　　号 / ISBN 978 − 7 − 5097 − 6636 − 1
定　　价 / 89.00 元

皮书序列号 / PSN B − 2013 − 366 − 2/3

本项研究得到爱佑慈善基金会的资助和大力支持！

爱佑慈善基金会
AI YOU FOUNDATION

本书系 2017 年度国家社会科学基金重大项目"促进中国慈善事业发展的法律制度创新研究"（17ZDA133）的阶段性研究成果

本书是国家社会组织管理局社会组织与社会建设上海交通大学研究基地的研究成果

《中国社会组织评估发展报告（2018）》
课　题　组

课题组负责人　徐家良　刘忠祥　刘　锋

课题组成员　黄一谷　张成刚　齐桂国　赵　娜
　　　　　　　陈　阵　卢永彬　吴　磊　邰鹏峰
　　　　　　　赵文聘　薛美琴　彭　雷　段思含
　　　　　　　苏晓丽　覃筱莉

主编简介

徐家良 上海交通大学国际与公共事务学院教授，博士生导师，上海交通大学中国公益发展研究院院长，上海交通大学第三部门研究中心主任，上海交通大学中国城市治理研究院研究员，国家社会组织管理局社会组织与社会建设上海交通大学研究基地主任，民政部全国社会组织教育培训基地上海交通大学主任，国家社会科学基金重大项目首席专家；北京大学政治学博士、北京大学社会学博士后，哈佛大学、香港中文大学、台湾政治大学访问学者。曾任教浙江大学、北京师范大学。国家自然科学基金通讯评审专家、国家社会科学基金项目同行评议专家、教育部留学回国人员科研启动基金评审专家、中国博士后科学基金评审专家；中国社会组织促进会专家委员会委员、上海长三角社会组织发展中心理事长、上海市法学会慈善法治研究会副会长，上海浦江社会组织创新发展研究院副院长。CSSCI集刊《中国第三部门研究》主编、《中国非营利评论》学术顾问委员会委员、《中国社会组织》编委、《上海社会组织》顾问。

研究专长：国家与社会关系、社会组织与地方治理、慈善公益。

出版《改革开放后上海社会组织创新发展研究》、《新时期中国社会组织建设研究》、《行业协会组织治理》、《互益性组织：中国行业协会研究》、《社会组织的结构、体制与能力研究》、《政府评价论》、《制度、影响力和博弈》、《社会团体导论》、《公共政策分析引论》、《公共行政伦理学基础》、《公共事业管理学基础》、《公共行政学基础》等专著和教材12部；2013年开始至2018年连续主编《中国社会组织评估发展报告》，2011年开始主编《中国第三部门研究》（第1~16卷）；翻译出版《全球劝募：变动世界中的慈善公益规则》、《公益创业：一种以事实为基础创造社会价值的研究方法》、《美国历史上的慈善组织、公益事业和公民性》、《热浪：芝加哥灾难的社会剖析》、《判断的艺术：政策制定研究》。在《政治学研究》、《中国行政管理》、《北京大学学报》等期刊上发表学术论文100多篇，多篇论文被《新华文摘》和中国人民大学书报资料中心所转载。主持国家社会科学基金重大项目、国家社会科学基金重点项目、国家社会科学基金一般项目、教育部项目、民政部项目、北京市政府项目、上海市社会科学基金项目等70多项，其中2011年主持国家社会科学基金重点项目"新时期中国社会组织建设研究"，2014年主持国家社会科学基金重大项目"全面深化改革中政府购买公共服务制度化研究"，2017年主持国家社会科学基金重大项目"促进中国慈善事业发展的法律制度创新研究"。

摘　要

《中国社会组织评估发展报告（2018）》是上海交通大学国际与公共事务学院、上海交通大学中国公益发展研究院、上海交通大学第三部门研究中心与国家社会组织管理局、民政部社会组织服务中心合作的研究成果。

本书主要根据民政部 2017 年度全国性社会组织评估资料、上海市社会组织评估资料、浙江省社会组织评估资料和深圳市社会组织评估资料整理分析而成，涵盖全国性社会组织评估报告和评估等级的数据资料。

全书内容由总报告、分报告、案例篇、对策分析篇、附录五个部分组成。

总报告对 2017 年度全国性社会组织评估情况进行了总体分析，内容包括社会组织评估工作概况、社会组织评估结果分析、社会组织评估指标分析和社会组织评估特点总结四个部分。

分报告分别对全国性行业协会商会评估、全国性学术类和联合类社会团体评估、基金会评估、社会服务机构评估、上海市社会组织评估、浙江省社会组织评估和深圳市社会组织评估进行了专题分析。

案例篇选取了 7 个具有代表性的全国性社会组织进行介绍。同时，对策分析篇注重对社会组织评估存在的问题进行分析，提出完善社会组织评估和促进社会组织发展的可操作性建议。

附录部分列出了社会组织评估大事记，时间从 2017 年 1 月 11 日至 2017 年 12 月 22 日止。

前　言

2018 年，是不平凡的一年。2018 年 2 月 28 日党的十九届三中全会通过的《中共中央关于深化党和国家机构改革的决定》提出，深化党和国家机构改革是推进国家治理体系和治理能力现代化的一场深刻变革。党和国家机构职能体系是中国特色社会主义制度的重要组成部分，是我们党治国理政的重要保障。提高党的执政能力和领导水平，广泛调动各方面的积极性、主动性、创造性，有效治理国家和社会，推动党和国家事业发展，必须适应新时代中国特色社会主义发展的要求。

社会组织是中国特色社会主义现代化建设的重要力量，是国家治理体系和治理能力现代化的重要组成部分。应推动社会组织与人大、政府、政协、监察机关、审判机关、检察机关、人民团体、企事业单位等在党的统一领导下，协调行动、增强合力，发挥应有的主动性和能动性。同时，深入推进社会组织管理制度改革，使社会组织与其他各类机构有机衔接、相互协调，优势互补，共同发挥积极作用。

社会组织评估是加强社会组织能力建设的一个重要手段和重要环节。如何确保社会组织评估的科学性，通过以评促建，帮助社会组织发现不足、规范行为、增强能力，更好地承接政府职能转移，提供公共服务，这直接关系到国家治理体系与治理能力建设现代化，因此，需要持续有效地推进社会组织评估。国家社会组织管理局、民政部社会组织服务中心在 2007~2016 年度社会组织评估工作的基础上，2017 年度继续推进社会组织评估活动。通过项目招投标，有四家机构入选为全国性社会组织评估机构。它们充分利用专业优势开展评估工作，取得了较好的效果。稳步推进第三方评估是本年度社会组织评估的亮点。这些持续的制度创新为编写《中国社会组织评估发

展报告（2018）》奠定了坚实的基础。

　　有鉴于此，我们决定继续撰写《中国社会组织评估发展报告（2018）》。本蓝皮书是上海交通大学与国家社会组织管理局、民政部社会组织服务中心共同合作研究的成果。课题组在着手构思写作之初，重点做了以下三个方面的工作：第一，收集整理全国性社会组织评估材料。根据对2017年度全国性社会团体、基金会、社会服务机构评估的情况，对全国性社会组织评估做了系统分析。第二，收集整理上海市、浙江省、深圳市相关评估数据和材料。今年的蓝皮书与往年不同的是，增加了杭州市、余杭区、慈溪市、浦东新区、静安区等市区的评估。第三，编写案例，对部分社会组织的工作业绩与运作特色做了重点介绍。

　　上海交通大学国际与公共事务学院、上海交通大学中国公益发展研究院、上海交通大学中国城市治理研究院、上海交通大学第三部门研究中心、南京大学政府管理学院、南京理工大学公共事务学院、上海市委党校、上海市行政学院、上海工程技术大学社会科学学院、上海体育学院思想政治理论课教研部、广西大学公共管理学院相关研究人员承担了书稿的写作工作，具体分工如下：B1（上海交通大学国际与公共事务学院教授、上海交通大学中国城市治理研究院研究员徐家良，南京理工大学公共事务学院讲师薛美琴，南京大学政府管理学院博士研究生马超峰），B2、B3、B5至B8（上海交通大学国际与公共事务学院教授、上海交通大学中国城市治理研究院研究员徐家良，上海交通大学国际与公共事务学院硕士研究生彭雷），B4（上海交通大学国际与公共事务学院博士后，上海市委党校、上海行政学院副教授赵文聘），B9至B15（上海交通大学国际与公共事务学院博士后、上海体育学院思想政治理论课教研部副教授邸鹏峰，上海交通大学国际与公共事务学院博士后陈阵），B16至B17（上海交通大学国际与公共事务学院博士后、上海工程技术大学社会科学学院副教授吴磊，广西大学公共管理学院硕士研究生谢璨夷），B18（上海交通大学国际与公共事务学院教授、上海交通大学中国城市治理研究院研究员徐家良，上海交通大学国际与公共事务学院硕士研究生苏晓丽、段思含）。上海交通大学国际与公共事务学院卢永彬讲师核对了英文部分的有关内容。

在编写过程中，我们得到了民政部社会组织服务中心的大力支持。民政部社会组织服务中心党委书记刘忠祥、副主任刘锋对蓝皮书编写内容与体系提出了意见。民政部社会组织服务中心管理服务处处长黄一谷、副处长张成刚、调研员齐桂国、副调研员赵娜等多次讨论补充修改事宜，核对相关数据，保证了书稿的质量。

感谢上海市民政局副局长蒋蕊、浙江省社会组织管理局局长蔡国华、深圳市社会组织联合会执行会长葛明、浙江省社会组织评估院院长徐乃平、上海市静安区社会团体管理局局长潘小玲、上海市浦东新区社会组织服务中心主任丁雨育、浙江省慈溪市民政局副局长何军和办公室主任陈益波等领导的关心和帮助，感谢上海市浦东新区民政局、上海市静安区社会组织服务中心、浙江省杭州市民政局、浙江省余杭市民政局等部门的大力支持。

爱佑慈善基金会对中国社会组织评估研究给予了持续的关注和强力的支持。

上海交通大学文科建设处处长吴建南教授、上海交通大学国际与公共事务学院姜文宁书记为蓝皮书的写作提供了诸多的便利。北京富源汇丰科技有限公司余维堂协助进行数据分析，出力良多。

特别感谢社会科学文献出版社谢寿光社长、总编杨群的大力支持。责任编辑杨桂凤对书稿内容和风格提出了非常好的建议。

感谢所有帮助、关心和支持社会组织及社会组织评估事业发展的业内专家和各界人士。

我们相信，"中国社会组织评估发展报告"能够客观、真实地记录全国性社会组织和地方社会组织成长的点滴过程，历史将会告诉人们，每一次新的尝试和探索都是由人们的不懈奋斗锻成的。由于时间仓促、水平有限，本书难免挂一漏万，存在这样那样的问题和不足，恳请学者、社会组织负责人以及读者批评指正。

徐家良

2018 年 11 月 18 日于华师大一村

目 录

Ⅰ 总报告

Ⅱ 分报告

Ⅲ 案例篇

Ⅳ 对策分析篇

Ⅴ 附录

皮书数据库阅读**使用指南**

总 报 告

General Report

B.1
全国性社会组织评估总报告

摘　要： 作为国家治理体系和治理能力现代化的重要组成部分，社会组织高质量发展对新时代"打造共建共治共享的社会治理格局"有重大意义。社会组织评估工作经过十余年的渐进性和调试性发展，规范化、有序化、社会化、专业化的评估常规工作流程得以建立并不断完善。本报告以2017年度全国性社会组织评估为研究对象，采用过程追踪法和描述性统计方法，对评估工作与评估结果进行系统分析。首先，本年度评估周期近10个月，常规工作进一步细化，包括完善评估标准、强化第三方机构培育、严格评估纪律、强化动态管理。其次，本年度社会组织评估进行了众多创新，包括创新社会评价调查、创新党建动员模式、创新信息公开方式、创新评估工作方式等。再次，对评估等级结果的分析显示，评估定级结果动态管理不断规范化，评估过程及评估要求更加严格。最后，对评估指标内容的分析显示，参评全国性社会组织的主要优

势有基础条件规范性高、人事管理专业化程度高、公益性和公开性成效显著；参评全国性社会组织存在的不足主要表现为内部治理规范性有待进一步增强、资金管理有效性有待进一步提升、信息宣传及社会认可度有待进一步提高。

关键词： 社会组织　基础条件　内部治理　工作绩效　社会评价

一　社会组织评估工作概况

作为推进国家治理体系和治理能力现代化的重要力量，社会组织的高质量发展对新时代"打造共建共治共享的社会治理格局"有重大意义。随着对社会组织治理精细化、标准化和专业化要求的不断提高，社会组织评估对规范社会组织行为、提升社会组织能力、强化社会监督起到了重要作用。2016 年，《中华人民共和国慈善法》首次从基本法层面明确了评估要求，提出"民政部门应当建立慈善组织评估制度，鼓励和支持第三方机构对慈善组织进行评估，并向社会公布评估结果"。① 2018 年，民政部《社会组织登记管理条例（草案征求意见稿）》首次从行政法规层面明确了社会组织评估，提出"登记管理机关应当建立对社会组织的评估制度"。② 总体上，社会组织评估与社会组织健康发展的匹配度不断提高。

（一）社会组织评估基本情况

2017 年度共有 111 家全国性社会组织申请参加评估，其中，全国性行业

---

① 《中华人民共和国慈善法》于 2016 年 3 月 16 日由第十二届全国人民代表大会第四次会议通过，并规定"自 2016 年 9 月 1 日起施行"（《中华人民共和国慈善法》，http://www.npc.gov.cn/npc/dbdhhy/12_4/2016 - 03/21/content_ 1985714.htm，发布时间：2016 年 3 月 19 日）。
② 公开征求意见时间为 2018 年 8 月 3 日至 2018 年 9 月 1 日〔《民政部关于〈社会组织登记管理条例（草案征求意见稿）〉公开征求意见的通知》，http://www.mca.gov.cn/article/xw/tzgg/201808/20180800010466.shtml，发布时间：2018 年 8 月 3 日〕。

协会商会 29 家、全国性学术类社团 31 家、全国性联合类社团 9 家、基金会 38 家、社会服务机构 4 家。经第三方机构初评，除 3 家社会组织中止评估外，共有 108 家全国性社会组织获得评估等级：5A 级 5 家，分别是中国妇女发展基金会、中国红十字基金会、中国青少年发展基金会、中国农学会、中国保险学会，占评估总数的 4.6%；4A 级 24 家，占 22.2%；3A 级 60 家，占 55.6%；2A 级 14 家，占 13.0%；1A 级 5 家，占 4.6%。详见表 1。

表 1　2017 年度全国性社会组织评估等级结果分布情况

组织类型	5A 级	4A 级	3A 级	2A 级	1A 级
全国性行业协会商会（29 家）	0 家	5 家 中国通用机械工业协会、中国远洋渔业协会、中国循环经济协会、中国农药工业协会、中国城市轨道交通协会	18 家 中国淀粉工业协会、中国非金属矿工业协会、中国船舶工业行业协会、中国文化管理协会、中国无线电协会、中国合作贸易企业协会、中国建筑节能协会、中国竹产业协会、中国纺织品商业协会、中国电子材料行业协会、中国前卫体育协会、全联冶金商会、中国遥感应用协会、中国新华书店协会、中国旅游景区协会、中国工作犬管理协会、中华出版促进会、中国新闻文化促进会	6 家	0 家
全国性学术类社团（31 家）	2 家 中国农学会、中国保险学会	5 家 中国公路学会、中国复合材料学会、中国制冷学会、中国水力发电工程学会、中国热带作物学会	17 家 中国工笔画学会、中国材料研究学会、中国海外交通史研究会、中国茅盾研究会、中国家庭文化研究会、中国《资本论》研究会、海峡两岸关系法学研究会、中国微米纳米技术学会、全国大学语文研究会、中国《文心雕龙》学会、中国文艺理论学会、中国古代文学理论学会、中国高校科技期刊研究会、中国农业科技管理研究会、中国药品监督管理研究会、中国人类学民族学研究会、中国县市报研究会	3 家	4 家
全国性联合类社团（9 家）	0 家	4 家 清华校友总会、中国慈善联合会、中国职业安全健康协会、太湖世界文化论坛	3 家 中国西部研究与发展促进会、中国环境新闻工作者协会、中国书画收藏家协会	2 家	0 家

续表

组织类型	5A级	4A级	3A级	2A级	1A级
社会服务机构 （4家）	0家	0家	3家 长江商学院、仲和视觉康复发展中心、新世纪国际课程研究和推广中心	1家	0家
基金会 （35家）	3家 中国妇女发展基金会、中国红十字基金会、中国青少年发展基金会	10家 中国扶贫基金会、招商局慈善基金会、中国儿童少年基金会、中国人口福利基金会、中央财经大学教育基金会、中远海运慈善基金会、中国煤矿尘肺病防治基金会、中国移动慈善基金会、韬奋基金会、亨通慈善基金会	19家 中国预防性病艾滋病基金会、中国禁毒基金会、兴华公益基金会、星云文化教育公益基金会、中国器官移植发展基金会、中信改革发展研究基金会、东风公益基金会、中国医学基金会、中国孔子基金会、启明公益基金会、亿利公益基金会、实事助学基金会、青山慈善基金会、威盛信望爱公益基金会、华中农业大学教育发展基金会、中华国际科学交流基金会、中脉公益基金会、李四光地质科学奖基金会、章如庚慈善基金会	2家	1家

资料来源：根据中国社会组织网发布的公告资料编制。

（二）社会组织评估常规工作流程

社会组织评估工作经过十余年的渐进性和调试性发展，规范化、有序化、社会化、专业化的评估常规工作流程得以建立并不断完善。全国性社会组织评估常规工作流程包括：第三方评估机构招标、民政部对社会组织参评的宣传动员、社会组织自评与申报、参评社会组织名单公示、第三方评估机构组织评估专家进行现场评估并提出初评意见、全国性社会组织评估委员会终评、公示、民政部发布公告，详见图1。

为落实诚信评估、科学评估、从严评估、评建结合等要求，2017年度全国性社会组织评估常规工作进一步细化。（1）完善评估标准。民政部结合社会组织管理新要求和治理新政策对评估标准进行修订，进一步加大社会组织党建评估力度，将其分值由30分增加到40分。（2）强化第三方机构

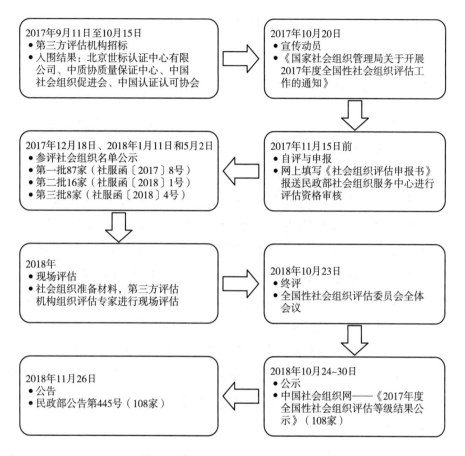

图1 2017年度全国性社会组织评估工作流程

资料来源：根据中国社会组织网发布的资料编制。

培育。民政部通过招标确定4家第三方评估机构负责现场评估，其中新增1家质量保证中心参与评估，积极借鉴有关领域评估评价工作的经验。此外，民政部对第三方评估机构提交的初评报告进行了逐一审核，通过翻阅档案资料、与参评社会组织和现场评估专家电话沟通，确保报告内容和分数录入准确无误，特别是对拟评为5A级和拟降级的原5A级社会组织进行重点抽查。（3）严格评估纪律。民政部举办2期评估专家培训班，解读评估标准，严格要求参评专家按照标准和程序评估。同时，民政部派出相关人员随机参与现场评估，现场监督，保证评估质量。（4）强化动态管理。民政部对违反

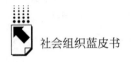

《社会组织评估管理办法》相关制度要求的 7 家社会组织降低评估等级并向社会公告。①

（三）社会组织评估创新工作

近年来，社会组织相关政策发生了重大变化，对社会组织评估创新工作提出新的要求。依据 2015 年《行业协会商会与行政机关脱钩总体方案》②、2016 年《中华人民共和国慈善法》以及 2017 年中国共产党第十九次全国代表大会提出的"提高社会治理社会化、法治化、智能化、专业化水平"等相关制度安排，民政部对 2017 年度全国性社会组织评估工作进行了创新。（1）创新社会评价调查。③ 实施以网络调查为主、电话调查等传统调查为辅、个别机构实地调查为补充的多元调查方式，提升社会评价调查的参与率和准确度。（2）创新党建动员模式。借助党建领导机关，开展脱钩行业协会商会的评估动员工作，积极调动全国性社会组织的参评积极性。同时，规定已脱钩行业协会商会不再提交业务主管单位评价意见，改为提交"党建领导机关评价调查表"。（3）创新信息公开方式。编制《社会组织评估申报指引》、细化现场评估清单、④ 完善网络申报平台，切实减轻社会组织参评

① 根据《社会组织评估管理办法》第三十条关于获得评估等级的社会组织连续 2 年年度检查基本合格、上年度年度检查不合格或受相关政府部门行政处罚，由民政部门做出降低评估等级处理的规定，对 7 家社会组织降低评估等级（《民政部关于中国兽药协会等 7 家社会组织降低评估等级的公告》，http://www.chinanpo.gov.cn/2351/111445/index.html，发布时间：2018 年 5 月 3 日）。

② 为加快形成政社分开、权责明确、依法自治的现代社会组织体制，行业协会商会领域首先进行脱钩改革。全国性行业协会商会脱钩试点工作由民政部牵头负责，2015 年开始第一批试点、2016 年总结经验并扩大试点、2017 年在更大范围试点，通过试点完善相应的体制机制后全面推开（中共中央办公厅、国务院办公厅印发《行业协会商会与行政机关脱钩总体方案》，http://www.chinanpo.gov.cn/600101/88618/newstgindex.html，发布时间：2015 年 7 月 15 日）。

③ "社会评价"是社会组织评估的重要组成部分，该项工作首次由第三方机构实施。本年度社会评价调查不再需要提供通讯录，采用参评单位组织相关对象配合第三方评估机构在线填写评价意见的方式进行。

④ 中国社会组织网对《社会组织评估申报指引》、现场评估清单进行公开（《社会组织评估申报指引》，http://www.chinanpo.gov.cn/3988/pgindex.html，发布时间：2018 年 10 月 12 日）。

负担。此外，民政部搭建了统一的全国社会组织信息查询平台①，将评估等级结果作为重要的信用信息予以公开。(4)创新评估工作方式。起草"社会组织评估改进意见"、召开财务评估专题会议、邀请评估委员和专家学者参与现场评估、加强跨部门沟通协调②。

二 社会组织评估结果分析

(一)评估定级结果动态管理不断规范化

历年社会组织评估结果显示，国家层面推动建立的社会组织评估定级制度不断规范化(张清、武艳，2018)。对历年获得评估等级的全国性社会组织数量和等级情况进行分析可知，评估工作大致经历了试点、扩张和稳定三个阶段。首先，2007~2009年度为评估试点阶段，评估规模较小，三年评估数量分别为55家、90家、74家；其次，2010~2014年度为评估扩张阶段，评估规模呈波浪式上升，五年评估数量分别为126家、153家、123家、170家、116家；最后，2015~2017年度为评估稳定阶段，三年评估规模分别为105家、112家、108家，同时三年评估等级均呈现标准正态分布特征，详见图2。历年评估规模和评估等级的结果分布，体现了社会组织评估制度不断规范化的发展特征。

(二)评估过程及评估要求更加严格

依据中国社会组织网全国社会组织信息查询平台以及2017年度全国性

①　该平台对外提供社会组织名称、统一社会信用代码、法定代表人、成立日期、注册资金、登记状态、证书有效期、组织类型、住所、业务范围等基础信息查询服务；对在民政部登记的全国性社会组织，提供年检、评估、行政处罚、表彰、中央财政支持项目等信用信息〔《民政部办公厅关于推广使用全国社会组织信息查询平台的通知》(民办函〔2017〕309号)，http：//www.chinanpo.gov.cn/2351/107681/index.html，发布时间：2017年11月27日〕。

②　教育部、中国科协学会学术部、国资委行业协会商会党建工作局、中央和国家机关工委协会党建部等部门对此项工作给予了大力支持。

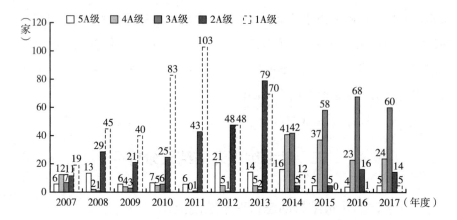

图 2 2007～2017 年度获得评估等级的全国性社会组织情况

资料来源：徐家良，2017；《2017 年度全国性社会组织评估等级结果公告》（2018 年 11 月 26 日），http：//www. chinanpo. gov. cn/2351/115573/index. html，中国社会组织网发布时间：2018 年 11 月 27 日。

社会组织评估等级结果公告，共 39 家全国性社会组织二次获得评估等级，占获得评估等级全国性社会组织总数（108 家）的 36.11%。相比 2016 年度（62.50%）（徐家良，2017），降幅明显。本年度二次获得评估等级的社会组织中，评估等级上升的有 8 家，占二次获得评估等级全国性社会组织总数（39 家）的 20.51%；评估等级保持稳定的有 24 家，比例为 61.54%；评估等级下降的有 7 家，比例为 17.95%，详见表 2。相比 2016 年度[1]，2017 年度全国性社会组织二次评估等级上升的比例减少了近 4 个百分点，反映出"从严评估"的进一步落实；相比 2016 年度，2017 年度全国性社会组织二次评估等级下降的比例减少了 2.05 个百分点，反映出第三方评估机构在评估过程中坚持问题导向，"以评促改"和"以评促建"的效果进一步显现；2017 年度社会组织二次评估等级保持稳定的比例相比 2016 年度增长了近 6 个百分点，反映出评估工作的延续性进一步提高。由此，社会组织评估与其能力建设的联结度进一步提高。

---

[1] 2016 年度全国性社会组织二次评估等级结果显示，评估等级上升、稳定、下降的比例分别为 24.29%、55.71%、20.00%（徐家良，2017）。

表2　2017年度全国性社会组织二次评估等级对比

组织类型	组织名称	一次参评	二次参评
全国性行业协会商会	中国淀粉工业协会	3A级	3A级
	中国非金属矿工业协会	3A级	3A级
	中国船舶工业行业协会	4A级	3A级
	中国文化管理协会	3A级	3A级
	中国无线电协会	3A级	3A级
	中国电子材料行业协会	3A级	3A级
	中国新华书店协会	2A级	3A级
	中国对外服务工作行业协会	3A级	2A级
全国性学术类社团	中国农学会	5A级	5A级
	中国公路学会	4A级	4A级
	中国制冷学会	3A级	4A级
	中国工笔画学会	3A级	3A级
	中国材料研究学会	3A级	3A级
	中国家庭文化研究会	3A级	3A级
	中国《文心雕龙》学会	3A级	3A级
	中国县市报研究会	3A级	3A级
全国性联合类社团	清华校友总会	4A级	4A级
	太湖世界文化论坛	3A级	4A级
	中国书画收藏家协会	3A级	3A级
社会服务机构	黄河电视孔子学院	3A级	2A级
基金会	中国妇女发展基金会	5A级	5A级
	中国红十字基金会	5A级	5A级
	中国青少年发展基金会	5A级	5A级
	中国扶贫基金会	5A级	4A级
	招商局慈善基金会	4A级	4A级
	中国儿童少年基金会	5A级	4A级
	中国人口福利基金会	4A级	4A级
	中央财经大学教育基金会	4A级	4A级
	中远海运慈善基金会	3A级	4A级
	中国煤矿尘肺病防治基金会	4A级	4A级
	中国移动慈善基金会	3A级	4A级
	韬奋基金会	3A级	4A级
	中国预防性病艾滋病基金会	4A级	3A级
	中国禁毒基金会	3A级	3A级

组织类型	组织名称	一次参评	二次参评
	中国医学基金会	2A 级	3A 级
	中国孔子基金会	3A 级	3A 级
基金会	威盛信望爱公益基金会	4A 级	3A 级
	李四光地质科学奖基金会	2A 级	3A 级
	中国保护消费者基金会	1A 级	1A 级

注:"一次参评"指首次参加评估的年度(2011～2013 年度不等),"二次参评"指参加 2017 年度参加评估(公示结果)。

资料来源:根据中国社会组织网发布的资料编制。

(三)基金会集中复评

从 2017 年度获得评估等级的全国性社会组织类型数量分布情况(见表 3)可知,基金会、全国性学术类社团及全国性行业协会商会是参评主力军。特别是参评的传统基金会较多,如中国妇女发展基金会、中国红十字基金会、中国青少年发展基金会、中国扶贫基金会、中国儿童少年基金会等一批原 5A 级基金会集中参加了本年度评估,这些基金会成立时间长、影响力大,历来备受社会关注。

表 3 2017 年度获得评估等级的全国性社会组织类型数量分布

单位:家

评估等级	全国性行业协会商会	全国性学术类社团	全国性联合类社团	社会服务机构	基金会
5A	0	2	0	0	3
4A	5	5	4	0	10
3A	18	17	3	3	19
2A	6	3	2	1	2
1A	0	4	0	0	1
合计	29	31	9	4	35

资料来源:根据中国社会组织网发布的资料编制。

三 社会组织评估指标分析

全国性社会组织评估从基础条件、内部治理、工作绩效和社会评价四个维度展开，2017 年度重点考察指标主要是基础条件和内部治理，详见表 4。本部分依据 2017 年度获得评估等级的全国性行业协会商会、全国性学术类社团、全国性联合类社团、社会服务机构、基金会资料，对各类社会组织的共性指标展开分析。

表 4 2017 年度全国性社会组织评估重点考察内容*

	社会团体	基金会	社会服务机构
基础条件	名称、业务范围、住所、注册资金、法定代表人、业务主管单位等变更登记情况	名称、业务范围、住所、注册资金、法定代表人、业务主管单位等变更登记情况	1. 法定代表人产生程序；2. 年末净资产；3. 名称、业务范围、住所、注册资金、法定代表人、业务主管单位等变更登记情况
内部治理	1. 分支机构、代表机构设立程序；2. 党组织建立情况；3. 劳动合同、社会保险；4. 经费来源和资金使用；5. 财务处理；6. 投资管理；7. 支出管理；8. 分支机构财务管理情况；9. 纳税情况；10. 会费收据使用；11. 评比达标表彰	1. 理事会会议纪要；2. 专项基金和其他分支（代表）机构设立程序、运行监督；3. 党组织建立情况；4. 劳动合同、社会保险；5. 经费来源和资金使用；6. 财务处理；7. 公益项目支出；8. 投资管理；9. 关联方及关联方交易管理；10. 纳税管理	1. 理事会按时换届情况；2. 党组织建立情况；3. 劳动合同、社会保险；4. 经费来源和资金使用；5. 财务处理；6. 项目支出；7. 投资管理；8. 税务登记；9. 非营利性及年末净资产
工作绩效		项目符合公益原则	项目符合公益原则

* 重点考察指评估体系中的四级指标。
资料来源：根据中国社会组织网发布的资料编制。

（一）基础条件

2017 年度全国性社会组织评估指标中，基础条件满分分值为 60 分。依据二级指标满分分值，"法人资格"是各类社会组织重点考察的指标；此

外，社会团体重点评估"章程"、基金会重点评估"遵纪守法"、社会服务机构重点评估"变更和备案"（见表5）。根据各类社会组织的共性指标，下文将分析参评全国性社会组织在法人资格、登记备案和年度检查方面的情况。

表5　2017年度全国性社会组织基础条件指标构成

	社会团体	基金会	社会服务机构
基础条件	法人资格(27分) 章程(15分) 登记备案(10分) 年度检查(8分)	法人资格(23分) 章程(10分) 变更登记和备案(10分) 遵纪守法(17分)	法人资格(28分) 章程(10分) 变更和备案(14分) 年度检查(8分)
满分分值	60分		

资料来源：根据中国社会组织网发布的资料编制。

1.法人资格相关指标

（1）法定代表人：2017年度参评全国性社会组织法定代表人产生程序比较规范，其中，能够注意会议纪要书写、会议纪要或决议明确记载出席人数和表决人数、内容形式较好的比例为61.26%，其中法定代表人采取投票方式产生的比例为61.17%（见图3）。（2）名称：社会组织将名称牌匾悬挂于办公场所外的比例达到69.37%。（3）办公条件：2017年度参评全国性社会组织的办公条件持续改善，办公设施及办公环境满足工作需要的占98.20%。在办公用房方面，绝大多数社会组织通过租赁方式解决办公用房问题，能自购办公用房、提供产权证书的占10.81%。2017年度参评全国性社会组织的办公用房情况差异较大，全国性行业协会商会的平均办公用房面积为328.20平方米，全国性学术类社团为421.50平方米，全国性联合类社团为631.40平方米。

2.登记备案和年度检查相关指标

（1）章程：总体上，2017年度参评全国性社会组织在章程核准方面表现良好，章程未做过修改或章程修改符合登记管理要求的占78.38%。

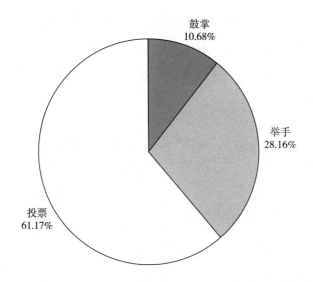

图3 2017 年度参评全国性社会组织法定代表人产生情况

资料来源：根据 2017 年度全国性社会组织评估的资料绘制。

（2）变更登记和备案：社会组织在名称、业务范围、住所、注册资金、法定代表人、业务主管单位等方面有变更事项时均按规定办结变更登记。但在负责人备案方面还存在一定的改进空间。（3）年检时间和结论：2017 年度参评全国性社会组织中，仅有 1 家没有及时①向登记管理机关报送年度工作报告，连续两年年检合格的比例为 72.97%。

（二）内部治理

2017 年度全国性社会组织评估指标中，内部治理满分分值为 390~400分。依据二级指标满分分值，"财务资产管理"是各类社会组织均重点考察的指标，其次是"组织机构"（见表 6）。此外，社会组织党建评估力度进一步加大，相比 2016 年度，2017 年度的"党组织"满分分值增加到 40 分。社会组织可持续发展是能力建设的结果，而社会组织能力是涵盖多维度、多

---

① 指上两个年度社会团体和社会服务机构均于 5 月 31 日、基金会于 3 月 31 日前向登记管理机关报送年度工作报告。

层次因素的集合体。社会组织能力建设是一个资源优化配置的过程，其中人力资本和非人力资本是社会组织资源构成的核心要素。根据各类社会组织的共性指标，下文将分析参评全国性社会组织在组织管理、人事管理、资金管理方面的情况。

表6   2017年度全国性社会组织内部治理指标构成

	社会团体	基金会	社会服务机构
内部治理	组织机构(75分) 党组织(40分) 人力资源(33分) 领导班子(24分) 财务资产管理(190) 档案、证章管理(20分) 发展规划(8分)	组织机构(65分) 党组织(40分) 人力资源管理(40分) 领导班子(15分) 财务资产管理(220分) 档案、证章管理(20分)	组织机构(60分) 党组织(40分) 人力资源(55分) 领导班子(35分) 财务资产管理(160分) 档案、证章管理(40分)
满分分值	390分	400分	390分

资料来源：根据中国社会组织网发布的资料编制。

1. 组织管理相关指标

（1）理事会：2017年度参评全国性社会组织理事会具有广泛的代表性，理事来源广泛的比例达到83.78%。多数参评全国性社会组织能提供会议纪要或决议，但会议纪要的规范性和完整性不足，书写完全规范的比例为51.35%，仍有较大改进空间。（2）监事会：总体上，参评全国性社会组织设立监事会或监事的比例为46.85%，不同类型社会组织的差异明显，参评全国性行业协会商会、全国性学术类社团、基金会、社会服务机构设立监事会或监事的比例分别为13.79%、19.36%、97.37%和100%。这一结果与社会组织的属性有关，与基金会不同，社会团体是否设立监事会或监事属于倡导性内容，不是登记管理的硬性规定，对此无强制性要求（见图4）。（3）分支机构和代表机构：63.96%的参评全国性社会组织设立了分支机构、代表机构，分支机构管理进一步规范，但也发现个别全国性行业协会商会和全国性学术类社团存在分支机构、代表机构名称使用不符合规定的情况。（4）党组织：党组织建立方面，参评全国性社会组织表现良好，符合规范的比例为94.17%。党组织活动情况方面，不同类型参评全国性社会组织在活动丰富性上差异较大。

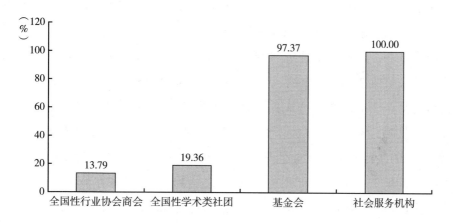

图4 2017年度参评全国性社会组织监事会或监事设立情况

资料来源：根据2017年度全国性社会组织评估的资料编制。

2. 人事管理相关指标

（1）负责人方面，2017年度参评全国性社会组织中，党政领导干部兼任负责人情况比较规范，秘书长专职率为62.16%，但也存在部分社会组织秘书长空缺或秘书长为兼职的情况，这与社会组织工作人员的特点有关，主要出现于全国性学术类社团。（2）人事管理方面，参评全国性社会组织在劳动合同、社会保险、住房公积金方面符合规范的比例分别达到96.40%、98.20%和92.79%，能够与专职工作人员签订劳动合同、按规定缴纳社会保险住房公积金，但在薪酬管理制度方面表现较弱，仅有54.05%的参评全国性社会组织有健全的薪酬管理制度，完全没有薪酬管理制度的比例为27.93%。（3）工作人员方面，参评全国性社会组织在工作人员的年龄、学历、专职情况方面均表现优秀，有专职工作人员的比例为91.89%，年龄结构合理的比例为94.60%，本科以上学历达到50%的比例为95.50%。

3. 资金管理相关指标

（1）资金来源和使用方面，2017年度参评全国性社会组织的资金来源和使用仍存在较大改进空间。（2）会计人员管理方面，会计人员配备规范性不足，有41.44%的参评全国性社会组织配备2名以上具有会计从业资格的本组织专职工作人员、28.83%的参评全国性社会组织由主管（代管、挂靠、依托、出资）单位统一管理、22.52%的参评全国性社会组织由非本单位人员兼任会计或出纳、7.21%的参评全国性社会组织会计人员未全部具有从业资格证书。造成这一情况的原因，与社会组织规模小、人员少、人员流动性偏高有关，对比情况见图5。（3）会计核算管理方面，93.69%的参评全国性社会组织在会计核算中实行电算化且使用的软件符合《民间非营利组织会计制度》的要求。（4）资产管理方面，81.08%的参评全国性社会组织制定了完善的资产管理制度。（5）投资管理方面，部分参评全国性社会组织没有完善的投资管理制度，且没有经会员大会或理事会批准。（6）支出、税收和票据管理方面，基金会表现良好，其支出管理完全规范的比例较高；社会服务机构在此指标上的表现最弱；社会团体的表现居于二者之间。此外，全国性社会组织纳税管理按规定申报、缴纳各项税款的比例也较高。在捐赠票据使用方面，参评全国性社会组织表现良好，符合规定的比例达到88.29%。（7）财务报告方面，部分参评全国性社会组织未编制财务报告或所编制的财务报告未经理事会（或常务理事会）审议并批准。（8）财务监督方面，总体上，参评全国性社会组织财务监督制度不够健全，但基金会监事制度运转良好。此外，离任或换届财务审计的规范化程度较高，基本能按照规定开展法人离任或换届财务审计工作。（9）档案、证章管理方面，参评全国性社会组织在档案管理、证书管理和印章管理方面均表现一般，反映出社会组织不够重视档案管理，其中，档案管理制度详尽、规范的比例为63.96%，档案资料齐全的比例为56.76%；除1家参评全国性社会组织存在证书过期、损毁或遗失现象，其余参评全国性社会组织均有专人管理证书，登记证书正本悬挂在醒目位置的比例也达到79.28%；同时，80.18%的参评全国性社会组织制定了详尽的印章管理制度，全部参评全国性社会组织均有专人保管印章，其中用印登记详细的比例为 86.49%。

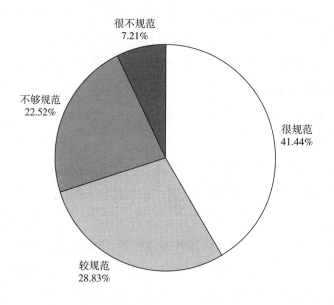

图5　2017 年度参评全国性社会组织会计人员配备规范化情况

资料来源：根据 2017 年度全国性社会组织评估的资料绘制。

（三）工作绩效

在 2017 年度全国性社会组织评估指标中，"工作绩效"满分分值为 420～430 分。从历年全国性社会组织评估指标体系看，工作绩效的构成差异最大。依据二级指标最高分值（即满分分值），2017 年度全国性行业协会商会的主要评估内容是"提供服务"、全国性学术类社团的主要评估内容是"学术活动"、全国性职业类社团的主要评估内容是"业务活动"、全国性联合类社团的主要评估内容是"会员活动"、基金会的主要评估内容是"项目开发与运作"、社会服务机构的主要评估内容是"提供业务服务"。根据各类社会组织的共性指标，下文将分析参评全国性社会组织在政府购买服务和公益性、信息公开与宣传方面的情况。

1. 政府购买服务和公益性相关指标

（1）政府购买服务方面，2017年度参评全国性行业协会商会、社会服务机构参与过政府购买服务的比例分别为89.66%、75.00%。（2）公益性方面，2017年度全国性行业协会商会、全国性学术类社团、社会服务机构开展过公益活动的比例分别为86.21%、70.97%、100.00%。基金会的公益性主要从项目中具体体现，所有参评基金会在"项目的公益性"方面都拿到了满分；所开展项目均符合公益原则，均与捐赠人不存在利益关系，选择受益对象时坚持公平和非特定的公益原则。

2. 信息公开与宣传相关指标

（1）信息公开制度和管理。首先，在信息公开制度上，2017年度参评全国性社会组织仍有较大改进空间，其中基金会建立了详细信息公开制度的比例为63.16%，社会服务机构的比例为25.00%，社会团体无此项评估指标；其次，在信息公开工作由专人负责上，基金会的比例为92.11%，社会服务机构的比例为75.00%，社会团体无此项评估指标。（2）信息公开平台。在信息公开平台多样性（即拥有网站、网页、微信公众号、微博等信息公开平台中的三种及以上）方面，参评全国性行业协会商会表现最佳（86.21%），详见图6。总体上，网站是各类参评全国性社会组织首选的信息公开方式，但网站建设质量仍有待提高，如社会团体中有独立网站且更新及时、项目齐全的比例为79.71%，基金会的比例为50.00%，社会服务机构无此项评估指标。报刊是社会团体较为偏好的信息公开方式，有报刊、内部刊物或电子刊物的全国性社会组织的比例为75.36%，但有公开发行报刊（有刊号）的比例仅为33.33%。（3）向社会公开内容。首先，参评全国性社会组织向社会公开全部组织机构的比例为72.97%，有的因为疏漏、不重视而未披露。其次，参评全国性社会组织向社会公开全部负责人名单的比例为77.48%，详见图7。（4）媒体报道。参评全国性社会组织获得中央级网络媒体报道（一次及以上）的比例达到88.29%，媒体认可度较高。

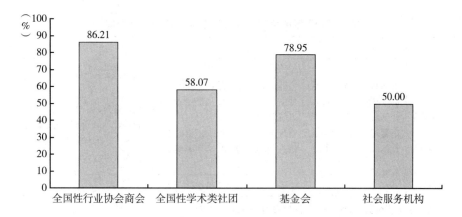

图6 2017年度参评全国性社会组织信息公开平台多样性情况

资料来源：根据2017年度全国性社会组织评估的资料绘制。

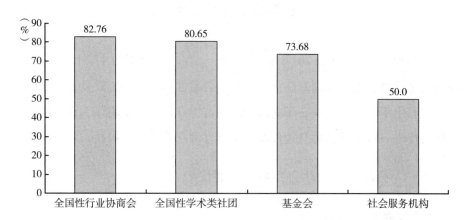

图7 2017年度参评全国性社会组织向社会公开全部负责人名单情况

资料来源：根据2017年度全国性社会组织评估的资料绘制。

（四）社会评价

在2017年度全国性社会组织评估指标中，社会评价满分分值为120分，其二级指标构成情况见表7。各类社会组织的主要评估内容为登记管理机关、业务主管单位、表彰奖励，满分分值为70分。由于资料有限，本部分不对评估结果展开具体分析。

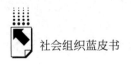
表7 2017 年度全国性社会组织社会评价指标构成

	社会团体	基金会	社会服务机构
社会评价	内部评价（50 分，会员、理事、工作人员）； 外部评价（70 分，登记管理机关、业务主管单位、表彰奖励）	内部评价(20 分，理事、监事)； 公众评价（30 分，捐赠人、受助人、志愿者）； 管理部门评价（70 分，登记管理机关、业务主管单位、表彰奖励）	内部评价（40 分，理事、监事）； 公众评价（10 分，服务对象）； 管理部门评价（70 分，登记管理机关、业务主管单位、表彰奖励）
分值	120 分		

资料来源：根据中国社会组织网发布的资料编制。

四　社会组织评估特点总结

依据评估指标分析，2017 年度参评全国性社会组织的主要优势为基础条件规范性高、人事管理专业化程度高、公益性和公开性成效显著；参评全国性社会组织的不足之处在于内部治理规范性有待进一步增强、资金管理有效性有待进一步提升、信息宣传及社会认可度有待进一步提高。

（一）参评全国性社会组织的主要优势

1. 基础条件规范性高

2017 年度参评全国性社会组织在法人资格、登记备案和年度检查等基础条件上表现较好。首先，参评全国性社会组织法定代表人的专职化率高，有兼任情况的仅有 2 家。法定代表人指法定唯一代表组织对外行动的自然人（殷秋实，2017），法定代表人专职化意味着组织领导者层面专业分工的加强，社会组织也因此进一步走向依法自治。其次，参评全国性社会组织办公条件满足运作需求，特别是办公设备满足需要的比例达到 98.20%。办公条件虽不是全国性社会组织发展的充分条件，却是良好社会组织建设的必备特征。作为评估中的一项基础指标，可以说良好的硬件设施是组织发展的基本物质保障，确保社会组织能够正常活动。此外，参评全国性社会组织在登记备案和年度检查方面表现良好。"台账"作为社会组织软件建设的基础，能够反映组织日常的基本运行情况。备案与年检作为两项重要的软件指标，也是本次参评全国性社会组织得分较高的指标。

2. 人事管理专业化程度高

2017 年度参评全国性社会组织在负责人和人事管理方面表现较好。首先，参评全国性社会组织在党政领导干部兼职负责人情况上比较规范。具体而言，负责人中无党政领导干部兼任情况的比例较高，不少原兼职任职的党的领导干部不再兼职任职，有兼职任职的也大多做到按规定申报、履行相关手续，符合有关要求。这样一种规范的人事安排，不仅有利于政社分开，也有利于社会组织人事激励制度的运行。其次，参评全国性社会组织人事管理专业化水平不断提高，在劳动合同、社会保险、住房公积金方面符合规范的比例分别达到 96.40%、98.20%、92.79%。此外，有专职工作人员的比例为 91.89%、年龄结构合理的比例为 94.60%、本科以上学历者达到 50% 的组织占参评总数的 95.50%。社会组织发展的质量提升，在于组织人员的专业化（朱健刚、陈安娜，2014），它不仅给社会组织带来了新的知识，推动组织创新，也给社会组织带来了管理知识，促进组织持续发展。

3. 公益性和公开性成效显著

2017 年度参评全国性社会组织在公益性和公开性方面表现较好。首先，就社会组织公益性而言，社会团体和社会服务机构在本职工作之外，开展过具体公益活动的比例达 89.30%。作为组织发展的"初心"，公益性是社会组织的根，公益行动既是组织的自我证明，也是组织发展的内在需要。其次，社会组织有较高的媒体曝光度，其中获得中央级网络媒体报道的比例达到 88.29%。组织信誉的积累，有赖于媒体的宣传，这既有利于组织强化自身的约束，也有利于社会展开对组织的监督。参评全国性社会组织较高的公开性，既是社会组织自身建设不断完善的体现，也是社会组织主动接受社会监督的内在要求，从而推动社会组织公信力的提升。

（二）参评全国性社会组织的不足

1. 内部治理规范性有待进一步增强

参评全国性社会组织内部治理方面的不足主要体现为部分社会组织对一些细节管理不够重视，比如不能正确书写会议纪要或决议，有的社会组织按规定召开了会员代表大会或理事会，但是没有形成独立的会议纪要，仅将有关内容在其他材料中体现，或有的会议纪要缺乏出席人数或表决人数等关键要素，致使会议合规性受到影响。此外，一些参评全国性社会组织不重视制度建设及档案资料的整理，一些重要制度没有在会员代表大会或理事会上通过，有的档案资料管理没有系统化，资料不齐全。此外，从 2017 年度参评全国性社会组织评估情况看，多数社会组织在监事制度方面表现不是很好。尽管监事制度是近年对社会团体的倡导性指标，但相比基金会和社会服务机构均建立了监事制度，社会团体仍有较大改进空间。有效的监事制度，不仅是社会组织本身规范发展的需要，也是社会组织化解风险的重要基础，更是社会组织规范治理（张清、武艳，2018）的实现方式。在这一制度上建设不足，将不利于社会组织持续发展。

2. 资金管理有效性有待进一步提升

尽管 2017 年度参评全国性社会组织在会计核算管理、资产管理制度、捐赠票据使用、离任或换届财务审计方面规范性较高，但在投资管理和财务报告等资金管理有效性方面仍有较大提升空间。首先，社会组织投资管理的有效性欠缺，多数组织并没有制定完善的投资管理制度并经会员代表大会或理事会批准。投资作为组织未来发展的一个基本前提，既需要社会组织内精英的有效布局，也需要成员的有效参与。其次，社会组织财务报告的有效性欠缺，仅有部分参评全国性社会组织制定了财务报告制度且内容完整。此外，参评全国性社会组织报告财务监督情况的比例也较低。这种"重发展、轻监督"的报告制度，体现了参评全国性社会组织的风险防范意识不强，也不利于组织信息的公开透明，需要进一步改进和完善。

3. 信息宣传及社会认可度有待进一步提高

2017 年度参评全国性社会组织在社会认可度方面仍有提升空间。社会组织内在的社会性，不仅是组织生存的基础，也是组织发展的力量之源。如果缺少一定的社会认可度，社会组织发展就会"变质"。这既有悖于社会组织发展的内在逻辑，也不利于良好国家－社会关系（江华、张建民、周莹，2011）的建设。不断回归社会组织发展的"初心"，才能构建良好的社会组织发展基础。一方面，社会组织要加强自身建设，练好内功，充分发挥好服务国家、服务社会、服务群众、服务行业的作用；另一方面，社会组织应当积极加强宣传，通过建立新闻发言人制度、积极进行信息公开等，把社会组织的功能发挥情况和参与经济社会建设情况展示出来，不断树立行业新形象。

参考文献

江华、张建民、周莹，2011，《利益契合：转型期中国国家与社会关系的一个分析框架——以行业组织政策参与为案例》，《社会学研究》第 3 期。

李拓，2012，《论正确处理民主决策与科学决策的关系》，《北京行政学院学报》第 1 期。

徐家良主编，2017，《中国社会组织评估发展报告（2017）》，社会科学文献出版社。

殷秋实，2017，《法定代表人的内涵界定与制度定位》，《法学》第 2 期。

张清、武艳，2018，《包容性法治框架下的社会组织治理》，《中国社会科学》第 6 期。

赵春雷，2015，《论慈善组织信息公开的公信力塑造功能——基于近年中国慈善组织公信力嬗变视角的分析》，《南京师大学报》（社会科学版）第 6 期。

朱健刚、陈安娜，2014，《社工机构的 NGO 化：专业化的另一种思路》，《华东理工大学学报》（社会科学版）第 1 期。

分 报 告

Sub-Reports

B.2
全国性行业协会商会评估专题分析

摘　要：　本报告是根据2017年度全国性行业协会商会评估结果及相关
资料进行研究的成果。报告对参与2017年度社会组织评估的
全国性行业协会商会在基础条件、内部治理、工作绩效、社
会评价方面的基本情况进行了分析；对2017年度获得不同评
估等级的全国性行业协会商会进行数据对比分析。整体上看，
2017年度参评的全国性行业协会商会党建工作机制健全并且
内部治理较为完善、组织功能较强并且作用发挥比较明显、
信息公开渠道较完善且宣传功能发挥较强，但在财务管理的
规范性和监事会或监事的设立上存在不足，有待采取措施进
一步改进。

关键词：　全国性行业协会商会　基础条件　内部治理　工作绩效
社会评价

一 2017年度全国性行业协会商会评估总体情况

全国性行业协会商会作为市场经济发展的产物，是市场经济主体为了表达自身愿望与要求、维护共同的经济利益和社会利益组成的，具有协调市场各行业主体的合法利益、提高市场配置资源的效率和维护市场经济运行秩序的功能，是市场经济体系的重要组成部分（徐家良，2003）。开展社会组织评估工作有利于发挥评估"以评促管"和"以评促建"的功能，推动全国性行业协会商会健康发展。

（一）参评全国性行业协会商会情况

2017年度，共有29家全国性行业协会商会参与等级评估。根据国家统计局《国民经济行业分类》（GB/T4754-2017）标准，参评全国性行业协会商会来自12个行业，其中制造业类全国性行业协会商会数量最多，占24.14%；其次是文化、体育和娱乐业类全国性行业协会商会，占20.69%。参评全国性行业协会商会的具体行业分布情况见表1。

表1 全国性行业协会商会行业分布情况

单位：家

行业类别	数量	行业类别	数量
采矿业	1	公共管理	1
制造业	7	租赁和商务服务业	1
建筑业	1	科学研究和技术服务业	2
批发和零售业	3	文化、体育和娱乐业	6
农、林、牧、渔业	3	居家服务、修理和其他服务业	1
交通运输、仓储和邮政业	1	合计	29
信息传输、软件和信息技术服务业	2		

资料来源：根据国家统计局《国民经济行业分类》（GB/T4754-2017）和2017年度全国性行业协会商会评估资料编制。

根据《社会组织评估管理办法》和国家社会组织管理局《关于开展2017年度全国性社会组织评估工作的通知》的要求，经全国性社会组织评估委员会终评，最终确定 2017 年度全国性行业协会商会的评估等级结果。其中，4A 级 5 家（中国通用机械工业协会、中国远洋渔业协会、中国循环经济协会、中国农药工业协会、中国城市轨道交通协会），3A 级 18 家（中国淀粉工业协会、中国非金属矿工业协会、中国船舶工业行业协会、中国文化管理协会、中国无线电协会、中国合作贸易企业协会、中国建筑节能协会、中国竹产业协会、中国纺织品商业协会、中国电子材料行业协会、中国前卫体育协会、全联冶金商会、中国遥感应用协会、中国新华书店协会、中国旅游景区协会、中国工作犬管理协会、中华出版促进会、中国新闻文化促进会），2A 级 6 家。①

2008～2013 年度，参评全国性行业协会商会数量波动较大；2013～2017 年度，参评全国性行业协会商会的数量呈逐渐下降的趋势。2013 年度 111 家全国性行业协会商会参与评估，2017 年度仅 29 家，具体情况见图 1。

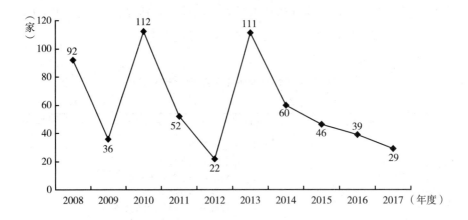

图 1　2008～2017 年度参评全国性行业协会商会数量变化情况

资料来源：根据 2008～2017 年度全国性行业协会商会评估资料绘制。

---

① 《2017 年度全国性社会组织评估等级结果公示》，中国社会组织网：http://www.chinanpo.gov.cn/2351/114918/index.html，发布时间：2018 年 10 月 24 日。

（二）全国性行业协会商会评估指标的构成情况分析

根据国家社会组织管理局《关于开展 2017 年度全国性社会组织评估工作的通知》中列出的全国性行业协会商会评估资料，2017 年度评估指标分为 4 个一级指标，分别是基础条件（60 分）、内部治理（390 分）、工作绩效（430 分）和社会评价（120 分）。与 2016 年度相比，2017 年度全国性行业协会商会的一级评估指标及分值并未发生变化，工作绩效的分值占比最高（43%），基础条件的分值占比最低（6%）。具体情况见图 2。

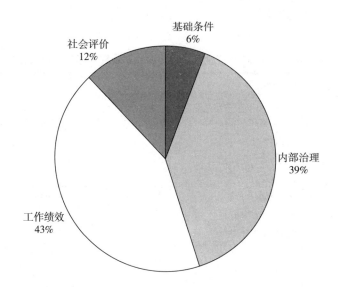

图 2　2017 年度全国性行业协会商会一级指标分值占比情况

资料来源：根据 2017 年度全国性行业协会商会评估资料绘制。

基础条件下有 4 个二级指标、9 个三级指标、12 个四级指标。二级指标与 2016 年度保持一致，分为法人资格、章程、登记备案和年度检查。内部治理下共 7 个二级指标（发展规划、组织机构、党组织、领导班子、人力资源、财务资产管理和档案、证章管理），27 个三级指标和 83 个四级指标。工作绩效包括 6 个二级指标，分别为提供服务、反映诉求、行业自律、行业影响力、信息公开与宣传和特色工作，其下有 16 个三级指标和 50 个四级指

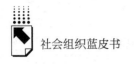

标。社会评价包括内部评价和外部评价2个二级指标,以及6个三级指标与6个四级指标。

通过将2016年度与2017年度评估指标进行对比分析可以发现,2017年度内部治理中党组织的分数为40分(增加10分),财务资产管理为190分(减少10分)。基础条件、工作绩效和社会评价下的二级指标及其分值并无变化。2017年度更加关注评估对象的党组织建设,同时略微减少财务资产管理的总体分值,但对其重视程度依旧不变,表现出评估指标的进一步整合,有利于更加有效地对全国性行业协会商会进行评估,促进评估对象健康发展。具体情况见表2。

表2 2016年度与2017年度全国性行业协会商会评估指标构成及分值情况

2016年度		2017年度	
一级指标	二级指标	一级指标	二级指标
基础条件(60分)	法人资格(27分)	基础条件(60分)	法人资格(27分)
	章程(15分)		章程(15分)
	登记备案(10分)		登记备案(10分)
	年度检查(8分)		年度检查(8分)
内部治理(390分)	发展规划(8分)	内部治理(390分)	发展规划(8分)
	组织机构(75分)		组织机构(75分)
	党组织(30分)		党组织(40分)
	领导班子(24分)		领导班子(24分)
	人力资源(33分)		人力资源(33分)
	财务资产管理(200分)		财务资产管理(190分)
	档案、证章管理(20分)		档案、证章管理(20分)
工作绩效(430分)	提供服务(185分)	工作绩效(430分)	提供服务(185分)
	反映诉求(33分)		反映诉求(33分)
	行业自律(85分)		行业自律(85分)
	行业影响力(50分)		行业影响力(50分)
	信息公开与宣传(57分)		信息公开与宣传(57分)
	特色工作(20分)		特色工作(20分)
社会评价(120分)	内部评价(50分)	社会评价(120分)	内部评价(50分)
	外部评价(70分)		外部评价(70分)

资料来源:根据2016年度与2017年度全国性行业协会商会评估指标编制。

二 2017年度全国性行业协会商会评估等级情况分析

根据《社会组织评估管理办法》和全国性社会组织评估的相关规定，全国性行业协会商会评估严格遵循评估程序，依托第三方评估机构的独立性及专业优势，保证评估结果的公平公正。首先由自愿申报参评的全国性行业协会商会在网上填写《社会组织评估申报书》并准备现场评估资料；其次由第三方评估机构组织评估专家进行现场评估，撰写初评报告；最后由全国性社会组织评估委员会对初评意见进行审核，确定评估等级并向社会公示评估结果。

评估结果显示，2017年度参与评估的全国性行业协会商会中，获评4A级的有5家，获评3A级的有18家，获评2A级的有6家。与2016年度相比，2017年度获评4A级与3A级的全国性行业协会商会占比均有所下降，但2A级占比相比2016年度有所上升，详见图3。

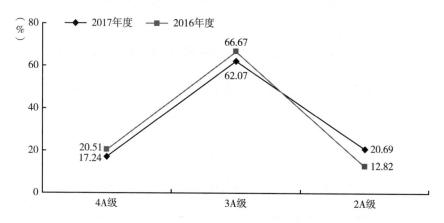

图3 2016年度与2017年度不同等级全国性行业协会商会数量占比

资料来源：根据2016年度与2017年度全国性行业协会商会评估材料绘制。

2012年度参评全国性行业协会商会有22家，2013年度参评全国性行业协会商会数量剧增，达111家，2013年度至2017年度，参评全国性行业协会商会数量逐年减少，2014年度为60家，2015年度为46家，2016年度为39家，2017年度为29家。2012~2017年度，获评5A级的全国性行业协会商会数量分别为8家、10家、8家、4家、0家和0家，占比呈波动下降趋势，2016年度和2017年度无参评单位获评5A级。详情见图4。

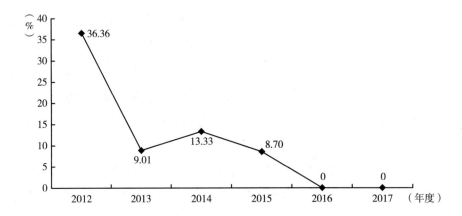

图4 2012～2017年度5A级全国性行业协会商会占比变化情况

资料来源：根据2012～2017年度全国性行业协会商会评估资料绘制。

（一）2017年度4A级全国性行业协会商会评估情况分析

2017年度获评4A级的全国性行业协会商会共5家，其中3家首次参与评估，1家复评，分布于4个行业：制造业，农、林、牧、渔业，科学研究和技术服务业，交通运输、仓储和邮政业。详见表3。

表3 2017年度4A级全国性行业协会商会行业分布情况

单位：家，%

行业	数量	占比
制造业	1	20
农、林、牧、渔业	2	40
科学研究和技术服务业	1	20
交通运输、仓储和邮政业	1	20
合计	5	100

资料来源：根据国家统计局《国民经济行业分类》（GB/T4754－2017）和2017年度全国性行业协会商会评估资料编制。

从表3可以发现，4A级全国性行业协会商会分布在农、林、牧、渔业的数量相对较多，占40%，其余三个行业各有1家，均占20%。其中，中国城市轨道交通协会成立于2011年，致力于推动城市轨道交通行业的发展进步，为政企搭建沟通桥梁，为政府、企业服务，作为此次参评中唯一在交通运输、仓储和邮政业且获评4A级的全国性行业协会商会，反映了该领域内全国性行业协会商会的快速发展。

从2012年度至2017年度获评4A级的全国性行业协会商会占比情况看，2012年度至2014年度获评4A级的全国性行业协会商会占比处于上升趋势，2014年度至2017年度获评4A级的全国性行业协会商会占比不断下降，从46.67%下降至17.24%（见图5），反映出评估指标的不断完善和评估程序的不断优化。

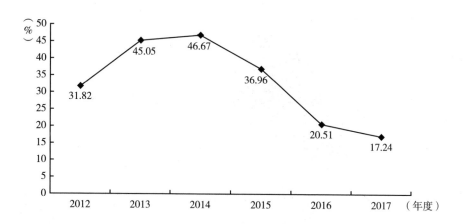

图5 2012~2017年度4A级全国性行业协会商会占比变化情况

资料来源：根据2012~2017年度全国性行业协会商会评估资料绘制。

评估资料显示，5家4A级全国性行业协会商会在各项一级指标上的平均分（见表4）为：基础条件，55分；内部治理，323分；工作绩效，335分；社会评价，106分。其中内部治理与其余三个一级指标相比最高分与最低分之间的差距较大，反映出获评4A级的全国性行业协会商会在内部治理上的差异较大。

表4　2017年度4A级全国性行业协会商会在各项一级指标上的得分情况

单位：分

	基础条件	内部治理	工作绩效	社会评价
平均分	55	323	335	106
最高分	59	342	348	112
最低分	49	297	313	103

资料来源：根据2017年度全国性行业协会商会评估资料编制。

1. 基础条件指标评估结果描述

2017年度全国性行业协会商会评估指标中，基础条件下的二级指标为法人资格、章程、登记备案和年度检查，分值分别为27分、15分、10分和8分，占比详情见图6。

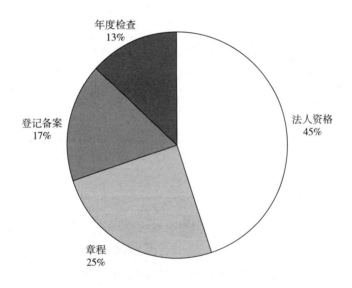

图6　基础条件二级指标分值占比情况

资料来源：根据2017年度全国性行业协会商会评估指标绘制。

基础条件中法人资格的分数占比较高。法人资格主要关注法定代表人、活动资金、名称和办公条件的基本情况。5家4A级全国性行业协会商会在法定代表人的产生程序上符合章程规定，年末净资产不少于登记的活动资金

数。2017 年度获评 4A 级的全国性行业协会商会上一年度平均年末净资产为
3001.80 万元，高于 3A 级全国性行业协会商会年末净资产平均值（593.78
万元），是 2016 年度获评 4A 级全国性行业协会商会年末净资产平均值的
2.26 倍，见表 5。

表 5 2015～2017 年度 4A 级全国性行业协会商会办公用房面积平均值
和上一年度平均年末净资产比较

单位：平方米，万元

年度	办公用房面积平均值	上一年度平均年末净资产
2015	865.50	6828.40
2016	485.38	1330.45
2017	605.03	3001.80

资料来源：根据 2015～2017 年度 4A 级全国性行业协会商会评估资料编制。

2. 内部治理指标评估结果描述

内部治理的二级指标分别为发展规划、组织机构、党组织、领导班子、
人力资源、财务资产管理和档案、证章管理，其分值分别为 8 分、75 分、
40 分、24 分、33 分、190 分、20 分（见图 7）。

从各项二级指标看，财务资产管理和组织机构分值占比较大。财务资产
管理主要考察合法运营、会计人员管理、会计核算管理、预算管理、资金管
理、实物和无形资产管理、投资管理、业务收支管理、分支机构财务管理、
税收和票据管理、财务报告和财务监督，其中以业务收支管理的分值最高，
为 35 分；会计核算管理 30 分，居第二位。组织机构主要关注会员（代表）
大会、理事会与常务理事会、监事会或监事情况、民主决策、办事机构、分
支机构与代表机构，其中理事会与常务理事会的分值最高，为 25 分；发展
规划关注规划、计划和总结；党组织关注党组织建立情况和党组织活动情
况；领导班子聚焦负责人的考察；人力资源考察人事管理和工作人员情况；
档案、证章管理关注档案管理、证书管理和印章管理情况。

在组织机构方面，2017 年度 4A 级全国性行业协会商会平均会员数量为

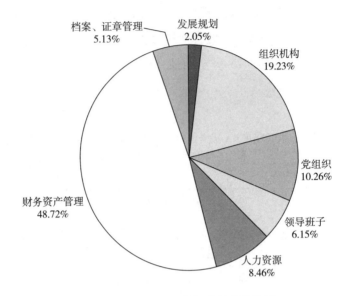

图7 内部治理二级指标分值占比情况

资料来源：根据2017年度全国性行业协会商会评估指标绘制。

715个，其中最大值为1500个，最小值为284个。理事会召开次数全部为上两个年度2次或2次以上。在分支机构上，2家全国性行业协会商会未建立分支机构，其余3家均建立了分支机构，中国通用机械工业协会的分支机构数量最多（14家），见表6。

表6 2017年度4A级全国性行业协会商会组织机构部分情况

单位：次，个

序号*	理事会召开次数	会员数量	分支机构
1	2	643	—
2	3	491	9
3	2	1500	14
4	2	284	—
5	2	658	10

* 序号顺序与全国性社会组织评估等级结果公布顺序不一致，下同。

资料来源：根据2017年度4A级全国性行业协会商会评估资料编制。

在人力资源方面，2017 年度 4A 级全国性行业协会商会的平均工作人员数量为 35 个，全部制定了薪酬管理制度，与工作人员签订了劳动合同，为工作人员缴纳社会保险和住房公积金，其中中国循环经济协会工作人员数量最多（73 人），平均年龄不超过 39 岁，详见表 7。

表 7　4A 级全国性行业协会商会工作人员情况

单位：个，岁

序号	工作人员数量	平均年龄
1	28	48
2	23	38
3	73	39
4	37	39
5	12	49
平均	35	43

资料来源：根据 2017 年度 4A 级全国性行业协会商会评估资料编制。

在党组织方面，2017 年度获评 4A 级的全国性行业协会商会全部建立了党组织且积极开展党组织活动，平均党员数量为 16 个，反映了参评全国性行业协会商会对党组织建设工作的重视，注重发挥党组织的引领作用。

3. 工作绩效指标评估结果描述

工作绩效是组织发挥作用的重要衡量指标，在一级指标中占比最高。工作绩效包括 6 个二级指标，分别为提供服务（185 分）、反映诉求（33 分）、行业自律（85 分）、行业影响力（50 分）、信息公开与宣传（57 分）和特色工作（20 分）。详细占比情况见图 8。

4A 级全国性行业协会商会注重发挥中介功能，在加强行业自律、提供决策咨询、服务企业发展、创新社会治理等方面发挥了积极作用。多数全国性行业协会商会能够在行业调研分析的基础上形成调研报告，提供决策咨询服务；在反映诉求方面，4A 级全国性行业协会商会能够积极反映会员或行业诉求，提出政策建议。在信息公开与宣传上，4A 级全国性行

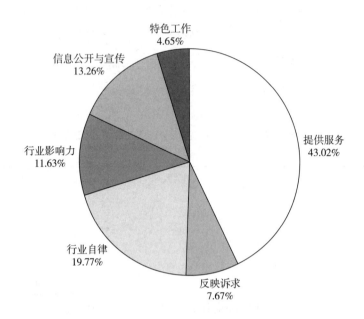

图8 工作绩效二级指标分数占比情况

资料来源：根据2017年度全国性行业协会商会评估指标绘制。

业协会商会能够有效利用自有网站的优势，展示自身形象与研究成果，加强行业内部交流与沟通，提高组织的社会影响力。中国远洋渔业协会秉承"服务会员企业、辅助行政决策、加强行业自律、完善产业体系、促进合作交流"宗旨，参与编写《"十三五"全国远洋渔业发展规划》、《远洋渔业海外基地建设项目实施管理细则（试行）》等行业发展政策文件，积极推动远洋渔业可持续发展。

4. 社会评价指标评估结果描述

社会评价分为内部评价和外部评价两个部分，内部评价主要是会员、理事和工作人员的评价，外部评价主要是登记管理机关、业务主管单位的评价和表彰奖励情况。外部评价的分值比内部评价高，体现出对外部主体评价的重视。2017年度社会评价的分值（120分）与2016年度相同，相比2015年度有所增加。2017年度获评4A级的全国性行业协会商会社会评价平均分相对较高（106分），一定程度上反映了其得到会员、理事和工作人员以及登记管理机关、业务主管单位的充分肯定。

（二）2017年度3A级全国性行业协会商会评估情况分析

2017年度获评3A级的全国性行业协会商会中复评、初评的各9家，主要分布于8个行业：制造业，采矿业，文化、体育和娱乐业，信息传输、软件和信息技术服务业，批发和零售业，建筑业，公共管理，科学研究和技术服务业，详见图9。

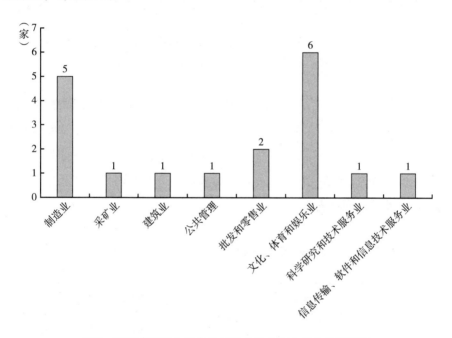

图9 2017年度3A级全国性行业协会商会行业分布情况

资料来源：根据国家统计局《国民经济行业分类》（GB/T4754-2017）和2017年度全国性行业协会商会评估资料绘制。

2012~2017年度，获评3A级的全国性行业协会商会数量分别为8家、45家、20家、24家、25家、18家。2014~2016年度获评3A级的全国性行业协会商会占比呈上升趋势。2017年度获评3A级的全国性行业协会商会数量占比相比2016年度有所下降，详见图10。

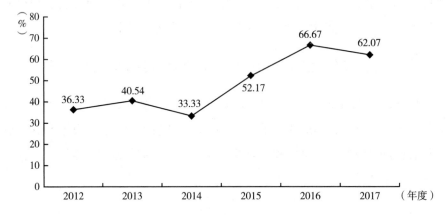

图10 2012～2017年度3A级全国性行业协会商会占比变化情况

资料来源：根据2012～2017年度全国性行业协会商会评估资料绘制。

根据评估资料，18家3A级全国性行业协会商会在各项一级指标上的平均分分别为：基础条件，50分；内部治理，271分；工作绩效，294分；社会评价，100分。总平均分为715分。其中在内部治理上，最高分与最低分之间的差距较大，反映出3A级全国性行业协会商会在内部治理上的规范性存在较大差异，详见表8。

表8 2017年度3A级全国性行业协会商会在各项一级指标上的得分情况

单位：分

	基础条件	内部治理	工作绩效	社会评价
平均分	50	271	294	100
最高分	59	319	340	112
最低分	40	201	232	81

资料来源：根据2017年度全国性行业协会商会评估资料编制。

1. 基础条件指标评估结果描述

从法人资格中针对活动资金和办公条件指标的评估分析看，2017年度获评3A级的全国性行业协会商会平均办公用房面积为213.93平方米，上一年度平均年末净资产为593.78万元，详见表9。

表9　2015～2017年度3A级全国性行业协会商会平均办公用房面积
及上一年度平均年末净资产比较

单位：平方米，万元

年度	平均办公用房面积	上一年度平均年末净资产
2015	358.90	1426.80
2016	276.35	620.48
2017	213.93	593.78

资料来源：根据2015～2017年度3A级全国性行业协会商会评估资料编制。

2. 内部治理指标评估结果描述

18家3A级全国性行业协会商会上两个年度平均召开2次理事会，最多的召开4次，最少的召开1次。在负责人数量上，3A级全国性行业协会商会平均有19个。2017年度3A级全国性行业协会商会平均会员数量为885人，平均分支机构数为9个（其中3家无分支机构），相比2016年度有所增加，详见表10。

表10　2017年度3A级全国性行业协会商会部分组织机构数据对比

单位：个

序号	负责人数量	会员数量	分支机构数量
1	41	342	7
2	12	230	7
3	15	540	25
4	33	1039	16
5	4	66	37
6	35	185	0
7	24	2033	9
8	19	2700	1
9	12	150	5
10	27	258	4
11	34	795	0
12	5	340	2
13	36	809	0
14	5	1379	5
15	9	485	11

续表

序号	负责人数量	会员数量	分支机构数
16	11	323	7
17	14	3500	17
18	14	760	10
平均值	19	885	9

资料来源：根据2017年度全国性行业协会商会评估资料编制。

在人力资源方面，18家3A级全国性行业协会商会平均有工作人员12个，其中中国电子材料行业协会工作人员数量最多（35个），工作人员数量最少的仅有2个，工作人员的平均年龄为42岁，详见表11。

表11 2017年度3A级全国性行业协会商会工作人员情况

单位：个，岁

序号	工作人员数量	平均年龄	序号	工作人员数量	平均年龄
1	9	44	11	8	32
2	11	51	12	19	39
3	19	41	13	7	40
4	8	47	14	18	41
5	11	54.5	15	35	51
6	6	44.3	16	4	44
7	2	25	17	11	43
8	10	35	18	12	44
9	12	40	平均	12	42
10	14	48			

资料来源：根据2017年度3A级全国性行业协会商会评估资料编制。

3. 工作绩效指标评估结果描述

2017年度3A级全国性行业协会商会在工作绩效上与4A级全国性行业协会商会相比有一定的差距。总体上看，多数全国性行业协会商会能够为会员单位提供基本服务，开展行业调查研究。在行业影响力上，多数3A级全国性行业协会商会开展过国际交流，但有国际合作项目的全国性行业协会商会数量较少。如此次获评3A级的中国淀粉工业协会成立于1984年，协会遵循"服务、求实、协作、开拓"的服务精神，在开展行业调查、制定行业发展规划、组织国内外技术交流、人才培训等方面发挥了重要作用。2017年度中国淀粉工业协会先后举办了"第九届玉米＆淀粉之友信息交流会"、"变性淀粉专业委员会第十四次学术报告、经验交流会"等多起交流报告会，在推动淀粉行业发展上发挥了重要的作用。

（三）2017年度2A级全国行业协会商会评估情况分析

2017年度，6家全国性行业协会商会获评2A级。从评估数量看，2012～2017年度获评2A级全国性行业协会商会的数量分别为0家、4家、4家、1家、6家、6家。

从评估分值看，6家2A级全国性行业协会商会总平均分为605分，其中四项一级指标平均分分别为：基础条件，49分；内部治理，244分；工作绩效，217分；社会评价，96分。内部治理和工作绩效的最高分与最低分之间的差距较大，反映出2A级全国性行业协会商会在内部管理的规范性和功能发挥上存在较大的差距，详见表12。

表12　2017年度2A级全国性行业协会商会在各项一级指标上的得分情况

单位：分

	基础条件	内部治理	工作绩效	社会评价
平均分	49	244	217	96
最高分	53	302	277	102
最低分	44	208	170	90

资料来源：根据2017年度全国性行业协会商会评估资料编制。

1. 基础条件指标评估结果描述

在法人资格方面，6家2A级全国性行业协会商会法定代表人基本按章程规定程序产生。从平均办公用房面积和上一年度平均年末净资产看，2017年度2A级全国性行业协会商会平均办公用房面积为440.56平方米，上一年度平均年末净资产为641.23万元。2016年度2A级全国性行业协会商会平均办公用房面积为206.42平方米，上一年度平均年末净资产为345.81万元，详见图11。

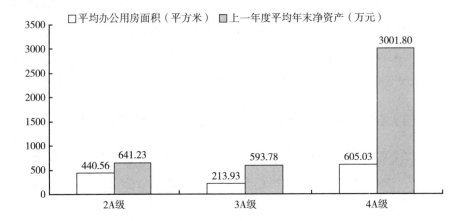

图11　2017 年度 2A 级至 4A 级全国性行业协会商会平均办公用房面积及上一年度平均年末净资产对比

资料来源：根据 2017 年度 2A 级至 4A 级全国性行业协会商会评估资料绘制。

2. 内部治理指标评估结果描述

评估资料显示，获评 2A 级的全国性行业协会商会在财务资产管理上需要进一步加强。6 家 2A 级全国性行业协会商会平均拥有会员 780 个（其中 1 家有会员 3000 个）。在召开理事会次数方面，4 家 2A 级全国性行业协会商会在上两个年度召开了 2 次理事会，2 家召开了 1 次理事会。在人力资源方面，6 家 2A 级全国性行业协会商会平均有工作人员 13 个（2016 年度为 12 个），平均年龄为 42 岁，见表 13。

表13　2017 年度 2A 级全国性行业协会商会工作人员情况

单位：个，岁

序号	工作人员数量	平均年龄	序号	工作人员数量	平均年龄
1	8	50	5	3	47
2	6	50	6	38	39
3	6	31	平均	13	42
4	17	37			

资料来源：根据 2017 年度 2A 级全国性行业协会商会评估资料编制。

总体来看，获评 2A 级的全国性行业协会商会平均工作人员数量与 4A 级全国性行业协会商会相比存在一定的差距，与 3A 级全国性行业协会商会相比差距较小，不同等级的全国性行业协会商会的平均工作人员数量分别为：4A 级，35 人；3A 级，12 人；2A 级，13 人。工作人员数量在一定程度上体现出组织的发展规模。在工作人员平均年龄上，获评 4A 级的全国性行业协会商会为 43 岁，3A 级与 2A 级的全国性行业协会商会均为 42 岁，年轻工作人员的数量较少。在平均分支机构数量上，2A 级全国性行业协会商会相比 4A 级（7 个）和 3A 级全国性行业协会商会（9 个）数量较少。

3. 工作绩效指标评估结果描述

2017 年度 6 家获评 2A 级的全国性行业协会商会工作绩效平均分为 217 分，与 4A 级（335 分）和 3A 级（294 分）全国性行业协会商会相比存在差距，但从四项一级指标的平均分差距看，社会评价平均分的差距相对较小。从总体上看，绝大多数全国性行业协会商会能够做到开展行业调研或向政府有关部门反映会员需求，但在行业自律和发挥行业内影响力方面的表现有待进一步提高，一方面与全国性行业协会商会自身开展相关工作的积极性相关，另一方面也受到全国性行业协会商会运作能力的影响。此次获评 2A 级的全国性行业协会商会需要通过完善内部管理制度、创新管理手段等途径进一步增强组织自身的发展能力，同时对照工作绩效的考核指标，结合组织自身的运作能力开展相关活动。

三　2017 年度参评全国性行业协会商会特点总结

作为我国行业协会商会系统中层次最高、代表性最强的组织，全国性行业协会商会对我国经济活动的有序开展具有积极的、重要的推动作用。开展社会组织评估工作，对于推动全国性行业协会商会规范发展、深化社会组织管理制度改革、激发社会组织活力具有不可替代的重要作用。对评估资料进行分析发现，全国性行业协会商会的发展取得了一定成绩，但是也存在一些需要解决的问题。

（一）参评全国性行业协会商会的特色与优势

1. 党建工作机制健全，内部治理较为完善

2017 年度参评全国性行业协会商会普遍重视党组织建设，建立健全党建工作机制，重视发挥党建对组织发展的引领作用。参评全国性行业协会商会中，26 家有 3 名以上党员，已独立或联合建立了党组织，占 89.66%。在内部治理上，参评全国性行业协会商会与全部专职工作人员签订了劳动合同，制定了详细的人事管理制度；14 家参评全国性行业协会商会专职工作人员在 10 人以上，90% 以上制定了资产管理制度。

2. 组织功能较强，作用发挥比较明显

评估资料显示，2017 年度参评的全国性行业协会商会在加强行业自律、提供决策咨询、提高会员服务水平、推动社会治理创新等方面表现较好。29 家全国性行业协会商会中，有 26 家能够积极开展行业调研并形成调研报告，25 家能够依托组织专业经验向政府部门反映行业诉求，并提出政策建议；24 家能够积极开展会展活动，积极将活动转化为品牌；14 家在法律法规的制定过程中，从行业发展的视角提出政策建议。

3. 信息公开渠道较完善，宣传功能发挥较强

2017 年度参评的全国性行业协会商会中，有 24 家拥有独立网站；9 家拥有公开发行的报刊，占 32.03%。拥有独立网站的全国性行业协会商会能够有效发挥宣传作用，利用互联网渠道发布研究成果，加强行业交流，增强全国性协会商会在行业内的影响力，推动组织发展。参评全国性行业协会商会实现了信息公开，有利于使公众加深对组织的了解，并接受公众的监督，增强社会公信力。

（二）参评全国性行业协会商会存在的不足

1. 财务管理的规范性有待进一步提升

财务活动的规范性是赢得社会公信力的重要条件之一。2017 年度部分参评全国性行业协会商会仍存在分支机构经济活动未列入总会账簿进行统一

核算的情况，在使用会费收据、收取服务费用、赞助、捐赠等方面存在不符合章程规定等情况。2016 年度评估中也存在类似的问题，需要全国性行业协会商会自身重视财务管理规范，同时加强政府的监督管理，有效发挥以评促建的作用。

2. 多数未设立监事会或监事

监事会对于社会团体的重要性不言而喻，设立监督机关能够在一定程度上确保理事会、常务理事会准确无误地执行会员（代表）大会所做的决议，实现社会团体的宗旨。民政部、财政部《关于加强社会组织反腐倡廉工作的意见》（民发〔2014〕227 号）中明确规定社会组织要设立监事会或者监事，建立健全内部监督约束机制。2017 年度 29 家参评的全国性行业协会商会多数未设立监事会或监事，缺少对组织决策的有效监督，需要进一步加强和改进。

参考文献

程坤鹏、徐家良，2018，《新时期谁组织党建引领的结构性分析——以 S 市为例》，《新视野》第 2 期，第 37～42 页。

龙宁丽，2014，《国家和社会的距离：寻找国家社会关系研究的新范式——基于对全国性行业协会商会的实证分析》，《南京社会科学》第 6 期，第 73～80 页。

马庆钰、贾西津，2015，《中国社会组织的发展方向与未来趋势》，《国家行政学院学报》第 4 期，第 62～67 页。

吴磊、李钰，2018，《理解非营利组织：双重维度与平衡之道——从弗姆金出发》，载徐家良主编《中国第三部门研究》第 1 期，上海交通大学出版社，第 127～137 页。

徐家良，2003，《双重赋权：中国行业协会的基本特征》，《天津行政学院学报》第 1 期，第 34～38 页。

徐家良主编，2011，《社会团体导论》，中国社会出版社。

徐家良主编，2017，《中国社会组织评估发展报告（2017）》，社会科学文献出版社。

张远凤、张慧峰，2017，《从国际比较看中国非营利部门的发展水平》，载徐家良主编《中国第三部门研究》第 2 期，上海交通大学出版社，第 3～20 页。

B.3
全国性学术类和联合类社会团体
评估专题分析

摘　要：　本报告是基于 2017 年度全国性学术类和联合类社会团体
　　　　　评估结果及相关资料的研究成果写成的。本报告描述了参
　　　　　评学术类和联合类社会团体在基础条件、内部治理和工作
　　　　　绩效等方面的整体情况，同时进行了时间和类别的横纵向
　　　　　对比，分析了两类社会团体评估情况的变化。2017 年度参
　　　　　评的全国性学术类和联合类社会团体在工作绩效上取得了
　　　　　一定成绩的同时，在内部治理上也存在一些不足，需要改
　　　　　进。

关键词：　社会团体评估　基础条件　内部治理　工作绩效

一　2017年度全国性学术类和联合类
社会团体总体评估情况

　　学术类社会团体是由专家、学者和科研工作者自愿组成，为促进自然科学、人文社会科学、交叉科学教学研究的深入，普及科学知识，培养人才，促进科学和社会经济的可持续发展，维护自身合法权益而开展活动的非营利性社会组织，联合类社会团体是由相同或不同领域的法人组织或个人为了共同的兴趣、爱好、利益进行横向交流而自愿组成的非营利性社会组织（徐家良，2010）。全国性学术类社会团体与全国性联合类、公益类和职业类社会团体先后在 2011 年度和 2012 年度被纳入评估范围。2012 年度 42 家全国

性社会团体获得评估等级，2013 年度为 30 家，2014 年度有 28 家①，2015 年度和 2016 年度分别为 22 家和 44 家②，2017 年度共 40 家全国性学术类和联合类社会团体获得评估等级③，详见图 1。

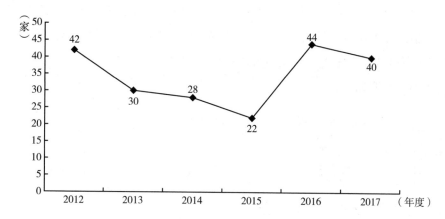

图 1 2012～2017 年度获得评估等级的四类全国性社会团体数量变化情况

资料来源：根据 2012～2017 年度全国性社会团体评估资料绘制。

（一）评估结果简述

2017 年度评估结果显示，获得评估等级的全国性学术类社会团体共 31 家，其中获评 5A 级 2 家（中国农学会和中国保险学会），4A 级 5 家（中国公路学会、中国复合材料学会、中国制冷学会、中国水力发电工程学会、中国热带作物学会），3A 级共 17 家（中国工笔画学会、中国材料研究学会、中国海外交通史研究会、中国茅盾研究会、中国家庭文化研究会、中国《资本论》研究会、海峡两岸关系法学研究会、中国微米纳米技术学会、全国大学语文研究会、中国《文心雕龙》学会、中国文艺理论学会、中国古代文学理论学会、中国高校科技期刊研究会、中国农业科

---

① 2012～2014 年度，没有获得评估等级的全国性职业类社会团体。
② 2016 年度没有获得评估等级的全国性公益类社会团体。
③ 2017 年度没有获得评估等级的全国性公益类社会团体和全国性职业类社会团体。

技管理研究会、中国药品监督管理研究会、中国人类学民族学研究会、中国县市报研究会)。其余还有3家学术类社会团体获评2A级,4家获评1A级。

根据2012~2017年度的参评数据可以看出,3A级及以上的全国性学术类社会团体占比波动性较大,2A级和1A级自2016年度开始出现,2017年度2A级全国性学术类社会团体占比较2016年度有所下降,1A级有所上升,具体趋势见图2。

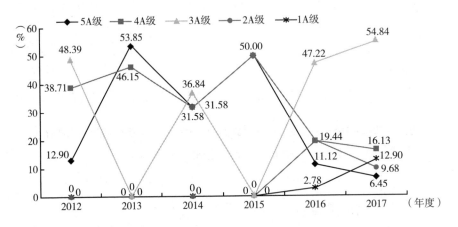

图2 2012~2017年度各等级全国性学术类团体占比情况

资料来源:根据2012~2017年度全国性社会团体评估资料绘制。

2017年度共9家全国性联合类社会团体参与评估,其中4家获评4A级(清华校友总会、中国慈善联合会、中国职业安全健康协会、太湖世界文化论坛),3家获评3A级(中国西部研究与发展促进会、中国环境新闻工作者协会、中国书画收藏家协会),2家获评2A级。与2015年度和2016年度相比,获评4A级的全国性职业类社会团体数量有所上升,3A级和2A级处于波动状态,见图3。

2017年度参评全国性学术类社会团体的平均分为732分,2016年度为733.7分,2017年度有所降低。其中5A级全国性学术类社会团体平均分最高(931分),1A级最低(526分),两者相差超过400分,显示

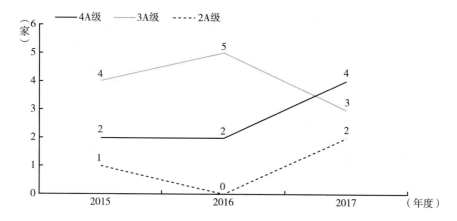

图 3　2015～2017 年度各等级全国性联合类社会团体占比情况

资料来源：根据 2015～2017 年度全国性社会团体评估资料绘制。

出 5A 级与 1A 级学术类社会团体发展存在较大的差异性。各等级全国性学术类社会团体在基础条件、内部治理、工作绩效与社会评价上的平均分见表 1。

表 1　2017 年度各等级全国性学术类社会团体一级指标平均分情况

单位：分

评估等级	基础条件	内部治理	工作绩效	社会评价	总平均分*
	60	390	430	120	
5A	59	353	408	111	931
4A	58	318	389	108	873
3A	47	277	300	95	720
2A	46	234	240	90	610
1A	41	211	186	89	526

* 总平均分为原始数据经过处理而得，下同。

资料来源：根据 2017 年度全国性学术类社会团体评估资料编制。

2017 年度参评的全国性联合类社会团体平均分为 710 分，相较于 2016 年度的平均分 759.1 分有所降低，其中 4A 级平均分最高（839 分），2A 级平均分最低（603 分），两者相差超过 200 分。不同等级的全国性联合类社会团体在四个一级指标上的平均分见表 2。

表2　2017年度各等级全国性联合类社会团体一级指标的平均分情况

单位：分

评估等级	基础条件	内部治理	工作绩效	社会评价	总平均分
	60	390	430	120	
4A	59	317	361	103	839
3A	50	272	277	89	688
2A	46	247	217	94	603

资料来源：根据2017年度全国性联合类社会团体评估资料编制。

（二）评估指标构成

社会组织评估主要从基础条件、内部治理、工作绩效和社会评价四个方面进行综合评价。与2016年度相比，2017年度全国性学术类和联合类社会团体评估的一级指标及其分值并未变化，详见图4。

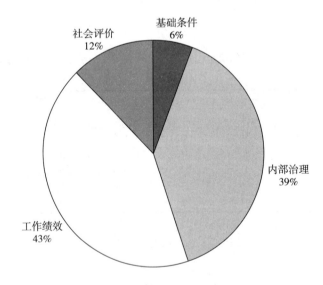

**图4　2017年度全国性学术类和联合类社会团体
一级指标分值占比情况**

资料来源：根据2017年度全国性学术类和联合类社会团体评估指标
绘制。

与 2016 年度相比，2017 年度全国性学术类和联合类社会团体在一级指标上保持不变，主要分为基础条件、内部治理、工作绩效和社会评价。除内部治理下部分二级指标分值发生改变外，剩余三个一级指标下各二级指标及其分值与上一年度一致。

基础条件分为 4 个二级指标，分别为：法人资格、章程、登记备案、年度检查，与 2016 年度保持一致。内部治理包括 7 个二级指标，分别为：发展规划，组织机构，党组织，领导班子，人力资源，财务资产管理，档案、证章管理，其中党组织分值为 40 分（涨幅 10 分），财务资产管理分值为 190 分（降幅 10 分）。

在工作绩效上，全国性学术类社会团体和联合类社会团体的评价指标侧重不同，2017 年度学术类社会团体主要包括 7 个二级指标，分别是：学术活动、建议咨询、科普公益、人才建设、信息公开与宣传、国际交流与合作、特色工作，见表 3。

表 3 2016 年度、2017 年度全国性学术类社会团体评估指标分值情况

2016 年度		2017 年度	
一级指标	二级指标	一级指标	二级指标
基础条件（60 分）	法人资格（27 分） 章程（15 分） 登记备案（10 分） 年度检查（8 分）	基础条件（60 分）	法人资格（27 分） 章程（15 分） 登记备案（10 分） 年度检查（8 分）
内部治理（390 分）	发展规划（8 分） 组织机构（75 分） 党组织（30 分） 领导班子（24 分） 人力资源（33 分） 财务资产管理（200 分） 档案、证章管理（20 分）	内部治理（390 分）	发展规划（8 分） 组织机构（75 分） 党组织（40 分） 领导班子（24 分） 人力资源（33 分） 财务资产管理（190 分） 档案、证章管理（20 分）
工作绩效（430 分）	学术活动（140 分） 建议咨询（60 分） 科普公益（45 分） 人才建设（65 分） 信息公开与宣传（60 分） 国际交流与合作（40 分） 特色工作（20 分）	工作绩效（430 分）	学术活动（140 分） 建议咨询（60 分） 科普公益（45 分） 人才建设（65 分） 信息公开与宣传（60 分） 国际交流与合作（40 分） 特色工作 20 分

续表

2016 年度		2017 年度	
一级指标	二级指标	一级指标	二级指标
社会评价(120 分)	内部评价(50 分) 外部评价(70 分)	社会评价(120 分)	内部评价(50 分) 外部评价(70 分)

资料来源：根据 2016 年度、2017 年度全国性学术类社会团体评估指标编制。

全国性联合类社会团体的工作绩效包括 5 个二级指标（交流活动、咨询研究、会员工作、宣传推广、特色工作），15 个三级指标，41 个四级指标。社会评价主要分为内部评价和外部评价两个二级指标，详见表 4。

表 4　2016 年度、2017 年度全国性联合类社会团体评估指标分值情况

2016 年度		2017 年度	
一级指标	二级指标	一级指标	二级指标
基础条件(60 分)	法人资格(27 分) 章程(15 分) 登记备案(10 分) 年度检查(8 分)	基础条件(60 分)	法人资格(27 分) 章程(15 分) 登记备案(10 分) 年度检查(8 分)
内部治理(390 分)	发展规划(8 分) 组织机构(75 分) 党组织(30 分) 领导班子(24 分) 人力资源(33 分) 财务资产管理(200 分) 档案、证章管理(20 分)	内部治理(390 分)	发展规划(8 分) 组织机构(75 分) 党组织(40 分) 领导班子(24 分) 人力资源(33 分) 财务资产管理(190 分) 档案、证章管理(20 分)
工作绩效(430 分)	交流活动(85 分) 咨询研究(60 分) 会员工作(140 分) 宣传推广(125 分) 特色工作(20 分)	工作绩效(430 分)	交流活动(85 分) 咨询研究(60 分) 会员工作(140 分) 宣传推广(125 分) 特色工作(20 分)
社会评级(120 分)	内部评价(50 分) 外部评价(70 分)	社会评级(120 分)	内部评价(50 分) 外部评价(70 分)

资料来源：根据 2016 年度、2017 年度全国性联合类社会团体评估指标编制。

二 2017年度全国性学术类社会团体评估结果描述

本报告主要分析 2017 年度全国性学术类社会团体基础条件、内部治理和工作绩效的主要情况。①

（一）基础条件指标评估结果分析

全国性学术类和联合类社会团体在基础条件方面的评估是一致的，下设 4 个二级指标，分别为法人资格（27 分）、章程（15 分）、登记备案（10 分）和年度检查（8 分），各项二级指标分值占比见图5。

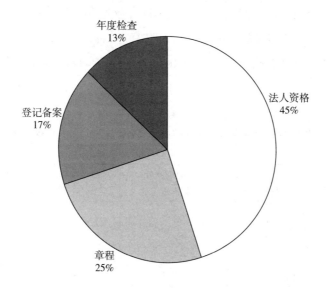

图5 2017 年度全国性学术类和联合类社会团体基础条件二级指标分值占比情况

资料来源：根据 2017 年度全国性学术类和联合类社会团体评估指标绘制。

从评估指标分值占比可以看出，法人资格在 4 项二级指标中分值占比最高，为45%。章程分值占比为25%，居于第二位。法人资格主要评估法

---

① 本部分未分析社会评价指标。

定代表人、活动资金、名称和办公条件的基本情况，章程主要评估参评社会组织在制定程序、章程核准、登记备案评估变更登记和备案，登记备案和年度检查关注社会组织的活动是否符合法定程序、参与年检的时间与年检结果。

1. 全国性学术类社会团体基本情况

2017 年度 31 家全国性学术类社会团体参与评估，5A 级基础条件平均分最高，为 59 分，1A 级平均分最低（41 分），其中 3A 级与 4A 级之间的平均分差距比其他获评等级之间的平均分差距大。

在办公用房产权上，办公用房为自有产权的全国性学术类社会团体仅 4 家，总体占比 12.90%，产权非自有共 27 家，总体占比 87.10%。从各评估等级办公用房产权情况看，产权非自有数量及占比均高于产权自有的数量及占比，其中以 3A 级差距最大，自有产权占比为 6.45%，非自有为 48.39%。5A 级全国性学术类社会团体办公用房产权均为非自有，详细情况见表 5。

表 5　2017 年度不同等级全国性学术类社会团体办公用房产权占比情况

单位：家，%

评估等级	自有产权拥有者数量	自有产权拥有者占比	非自有产权拥有者数量	非自有产权拥有者占比
5A	—	—	2	6.45
4A	2	6.45	3	9.68
3A	2	6.45	15	48.39
2A	—	—	3	9.68
1A	—	—	4	12.90
总计	4	12.90	27	87.10

资料来源：根据 2017 年度全国性学术类社会团体评估资料分析。

在平均办公用房面积和上一年度平均年末净资产方面，2017 年度 31 家全国性学术类社会团体平均办公用房面积为 421.53 平方米，其中中国农学会内设机构 14 个，开展业务活动较多，办公用房面积最大（2426.96 平方米），中国高校科技期刊研究会面积最小（10 平方米），办公用房的面积大小在一定程度上与组织开展活动的需求多少相关。31 家全国学术类社会团体上一年度平均年末净资产为 903.18 万元，其中中国公路学会年末净资产最多（10811.2 万元）。

根据不同等级全国性学术类社会团体平均办公用房面积与上一年度年末净资产平均值对比可以发现，2A 级全国性学术类社会团体的平均值高于 3A 级，但远低于 4A 级与 5A 级。5A 级全国性学术类社会团体平均办公用房面积高于 4A 级，但在上一年度平均年末净资产上略少于 4A 级，见表 6。

表 6　2A～5A 级全国性学术类社会团体办公用房面积平均值及上一年度年末净资产平均值比较

单位：平方米，万元

评估等级	办公用房面积平均值	上一年度年末净资产平均值
2A	320.00	167.48
3A	77.11	103.86
4A	1323.13	3521.40
5A	2027.48	3469.78

资料来源：根据 2017 年度全国性学术类社会团体评估资料编制。

2. 全国性联合类社会团体基本情况

2017 年度参评的全国性联合类社会团体仅 9 家，4 家为复评。不同等级的全国性联合类社会团体基础条件的平均分为，4A 级 59 分，3A 级 50 分，2A 级 46 分，4A 级平均分接近满分 60 分，基础条件相对完善。

在办公用房面积平均值和上一年度平均年末净资产平均值方面，2017 年度全国性联合类社会团体平均办公用房面积为 631.42 平方米，其中中国慈善联合会下设 12 个办公部门，办公用房面积最大（1665 平方米），中国书画收藏家协会面积最小（17.3 平方米）；上一年度平均年末净资产为 1142.27 万元，其中太湖世界文化论坛年末净资产最多（4795.4 万元），中国书画收藏家协会年末净资产最少（22.5 万元）。

根据不同等级全国性联合类社会团体办公用房面积平均值与上一年度年末净资产平均值的对比可以发现，2A 级全国性联合类社会团体上一年度年

末净资产平均值高于 3A 级 （115.07 万元），但低于 4A 级。4A 级全国性联合类社会团体平均办公用房面积高于 3A 级和 2A 级，其中 2A 级最少（140.43 平方米），详见表 7。

表 7　2017 年度不同等级全国性联合类社会团体办公用房面积平均值及上一年度年末净资产平均值对比

单位：平方米，万元

评估等级	办公用房面积平均值	上一年度年末净资产平均值
2A	140.43	754.75
3A	450.43	115.07
4A	1012.65	2106.43

资料来源：根据 2017 年度全国性联合类社会团体评估资料编制。

（二）内部治理指标评估结果分析

全国性学术类社会团体与联合类社会团体评估指标在内部治理上保持一致，但与 2016 年度相比，党组织和财务资产管理具体分值有所改变。财务资产管理分值占比最高，为 49%，详见图 6。

下面对全国性学术类和联合类社会团体组织机构和人力资源进行分析。

1. 全国性学术类社会团体分析

2017 年度 5A 级全国性学术类社会团体内部治理平均分最高，为 353 分，1A 级平均分最低，为 211 分，其中最高分为 369 分，最低分为 164 分。

在组织机构方面，2017 年度不同等级的全国性学术类社会团体平均会员数量分别为：5A 级约 152360 个、4A 级约 31448 个、3A 级约 938 个（见表 8）。其中中国农学会拥有 304442 个会员（最高）。上两个年度平均理事会的召开次数均超过两次，中国保险学会上两个年度召开了 4 次理事会。在分支机构数量上，13 家全国性学术类社会团体未建立分支机构，3A 级中未建立分支机构的数量较多（9 家），获评 5A 级和 4A 级的全国性学术类社会团体均建立了分支机构，中国农学会拥有分支机构 33 家。

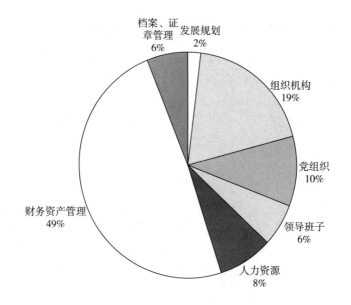

图 6 2017 年度全国性学术类和联合类社会团体基础条件二级指标分数占比情况

资料来源：根据 2017 年度全国性学术类和联合类社会团体评估指标绘制。

表 8 2017 年度 3A 级至 5A 级全国性学术类社会团体组织机构情况

单位：次，个

评估等级	平均理事会召开次数	平均会员数量	平均分支机构数量
5A	3.50	152360	19.50
4A	2.20	31448	20.80
3A	2.06	938	4.65

资料来源：根据 2017 年度全国性学术类社会团体评估资料编制。

在人力资源方面，5A 级和 4A 级的全国性学术类社会团体的平均工作人员数量要明显多于 3A 级、2A 级和 1A 级。不同等级的全国性学术类社会团体平均工作人员数量分别为：5A 级 71 个、4A 级 44 个、3A 级约 5 个、2A 级约 7 个、1A 级约 5 个。其中，中国公路学会工作人员达到 141 个，有 1 家全国性学术类社会团体仅有 1 个工作人员。在工作人员平均年龄上，3A 级和 1A 级学术类社会团体的平均年龄要高于其他等级的平均值。其中中国微米纳米技术学会的工作人员平均年龄为 31 岁（最低），详细信息见表 9。

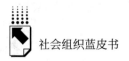

表9 全国性学术类社会团体工作人员情况

单位：个，岁

评估等级	序号	工作人员数量	平均年龄
5A	1	63	40
	2	79	42
平均值		71	41
4A	1	29	39
	2	18	49
	3	9	39
	4	141	36.4
	5	23	32
平均值		44	39.08
3A	1	5	47
	2	16	49
	3	3	40
	4	3	40
	5	6	43
	6	12	37
	7	8	40
	8	3	55
	9	4	59
	10	4	39
	11	6	36
	12	6	31
	13	2	60
	14	3	43
	15	3	39
	16	5	48
	17	1	37
平均值		5.29	43.71
2A	1	5	42
	2	7	37
	3	10	40
平均值		7.33	39.66
1A	1	8	49
	2	4	50
	3	2	40
	4	7	40
平均值		5.25	44.75

注：序号顺序与全国性社会组织评估等级结果公布顺序并不一致，下同。

资料来源：根据2017年度全国性学术类社会团体评估资料编制。

2. 全国性联合类社会团体分析

2017 年度参评的全国性联合类社会团体内部治理最高分为 348 分，最低分为 243 分。获评 4A 级的联合类社会团体内部治理平均分为 317 分，2A 级平均分 247 分，两者相差 70 分。

在会员单位数量上，2017 年度全国性联合类社会团体平均会员数量约为 17556 个[①]，其中 4A 级约 39014 个、3A 级 540 个、2A 级 167 个（见表 10）。其中清华校友总会拥有 152000 位会员，会员数量居于第一位。

表 10　2017 年度全国性联合类社会团体会员数量情况

单位：个

序号	4A 级	3A 级	2A 级
1	152000	622	63
2	90	689	271
3	3603	309	
4	361		
平均值	39013.5	540	167

资料来源：根据 2017 年度全国性联合类社会团体评估资料编制。

在人力资源方面，4A 级全国性联合类社会团体的平均工作人员数量要明显多于 3A 级和 2A 级，其中 2A 级平均工作人员数量少于 1A 级。不同等级的全国性联合类社会团体平均工作人员数量分别为：4A 级约 33 个、3A 级 7 个、2A 级约 8 个。中国慈善联合会的工作人员数量最多（41 个），3 家全国性联合类社会团体的工作人员为 3 个。在平均年龄上，3A 级联合类社会团体的平均年龄最高，约为 50 岁，4A 级和 2A 级之间差距不大但均小于 3A 级平均年龄。4A 级中有 2 家联合类社会团体的工作人员平均年龄为 34 岁（最低），详见表 11。

---

① 未区分单位会员与个人会员。

表 11　2017 年度全国性联合类社会团体工作人员情况

单位：个，岁

评估等级	编号	工作人员数量	平均年龄
4A	1	21	34
	2	30	45
	3	38	40
	4	41	34
平均值		32.5	38.25
3A	1	15	40
	2	3	66
	3	3	45
平均值		7	50.33
2A	1	3	38
	2	12	38
平均值		7.5	38

资料来源：根据 2017 年度全国性联合类社会团体评估资料编制。

（三）工作绩效指标评估结果分析

全国性学术类社会团体和联合类社会团体对于工作绩效的评估指标各有不同，但是其总体分值最大，表现出工作绩效对于社会团体评价的重要性，在一定程度上能够反映出社会团体的发展水平。5A 级学术类社会团体工作绩效平均分为 408 分，最高分为 423 分；4A 级联合类社会团体工作绩效平均分为 361 分，最高分为 391 分。

1. 全国性学术类社会团体分析

2017 年度 31 家参评的全国性学术类社会团体在研究领域、组织规模、工作能力等方面存在较大的区别，但是都在其各自的领域内发挥着重要的作用。相比之下，5A 级全国性学术类社会团体在开展学术活动的级别与次数、国际交流与合作中发挥的作用方面表现最为突出，详见表 12。

表 12 全国性学术类社会团体部分工作绩效信息

单位：家

类别	活动	数量
学术活动	平均每年组织召开国内学术会议达5次以上	11
	上两个季度出版过学术会议论文	30
	组织开展过课题研究	19
建议咨询	在制定法律法规或发展规划时进行相关调研	12
	参与制定标准	10
科普公益	上两个年度开展科普活动4次以上	10
	上两个年度开展过公益活动	22
人才建设	开展过继续教育及培训	15
	开展过为会员服务的工作	28
信息公开与宣传	有独立网站,更新及时,项目齐全	23
	有报刊、内部刊物、电子刊物	25
国际交流与合作	组织或参加过国际或中国港澳台学术会议	25
	参加过国际组织	10

资料来源：根据2017年度全国性学术类社会团体评估资料编制。

如此次获评5A级的中国农学会，成立于1917年，致力于推动国家农业发展和农业科技事业的进步，是党和政府联系农业科技工作者的桥梁纽带。中国农学会曾多次召开学术交流会议，既有国内会议（中国农业园区研讨会等）也有国际会议（国际设施园艺大会等）。在学术期刊建设上，《中国农学通报》在2016年度核验和审读中位列"优"级期刊，此外中国农学会在促进农业科学技术进步上发挥出学术类社团的独有优势，绩效突出，2017年度在成立百年大会上收到习近平总书记的专门贺信。

2. 全国性联合类社会团体分析

参评的全国性联合类社团在制订活动计划、满足会员需求、开展调查研究、倡导会员社会责任上都取得了一定的工作成效，获评等级越高，工作绩效就越强。参评单位均举办过考察、研讨或联谊类活动，活动次数均达到4次以上，5家次数达到8次。仅1家全国性联合类社会团体主办过国际组织年会，基本都开展过调查研究，3家承担或参加过省部级以上课题研究，理

论研究能力较强。3 家有公开发行的刊物，其余均有内部交换的资料性刊物，发挥了社会团体成员之间的交流沟通作用，详见表13。

表13　全国性联合类社会团体部分工作绩效信息

单位：家

类别	活动	数量
交流活动	上两个年度制订了活动计划	9
	举办过考察、研讨、联谊等交流活动	9
	主办或参与承担国际组织年会或大型会议	7
咨询研究	开展调查研究活动	8
	承担或参与省部级以上课题研究项目	3
	向政府有关部门提出过政策建议	7
会员工作	向有关部门反映过涉及会员利益的事项	5
	倡导或组织会员互助，帮助会员解决困难	7
	制定详尽具体的会员管理制度	7
宣传推广	倡导会员履行社会责任	8
	上两个年度开展过公益活动	9
	有中央级媒体对社会团体多项业务活动进行了报道	6

资料来源：根据2017年度全国性联合类社会团体评估资料编制。

如此次被评为4A级的中国慈善联合会，成立于2013 年，致力于弘扬慈善文化、参与政策制定、维护会员权益、推动跨界合作、开展专业培训和促进国际交流。2017 年中国慈善联合会参与主办了"中国慈善文化论坛暨第四届论善活动"，就如何复兴中华传统，走出具有中国特色的慈善文化发展之路，二十余名来自商界、政界和媒体的人士进行了深入的交流与探讨。中国慈善联合会通过开展多样化的交流活动，在促进慈善事业发展的同时，增强了自身的社会影响力。

三　2017年度全国性学术类和联合类社会团体的发展特点与存在的不足

根据评估资料发现，2017 年度参评的全国性学术类社会团体和联合类社会团体在取得一定成绩的同时，也存在一些不足，需要采取措施进行完善。

（一）发展特点

1. 学术类社会团体主要特点

学术交流活动频繁，社会影响力增强。2017 年度参评的学术类社会团体中，19 家平均每年组织召开国内学术会议达 3 次以上，其中 10 家平均每年召开的国内会议次数达到 12 次以上，同时部分社会团体的国内学术会议已形成了品牌，拥有较大的社会影响力；在国际会议上，15 家全国性学术类社会团体都组织过国际或中国港澳台学术会议，12 家组织曾开展过国际合作项目，在国际交流上发挥了重要的纽带作用。通过积极开展学术交流活动，展示外部形象，不仅能够推动学术类社会团体科学研究能力的进一步提高，而且能够提升社会团体的国内和国际社会影响力，增强研究领域内的话语权。

积极开展科普活动，承担社会责任。学术类社会团体面向社会公众开展科普活动是积极承担社会责任的表现，也是发挥社会团体"互益性"功能的重要方式。2017 年度参评的学术类社会团体中，27 家均在上两个年度开展了科普活动，其中 9 家开展 6 次以上的科普活动，科普活动形式多样化，获得了较好的社会评价。在科普活动影响力上，7 家的科普作品或项目获得优秀科普作品或优秀科普活动荣誉，9 家连续举办了多届科普活动，受众群体多并形成了较大的社会影响力。

2. 联合类社会团体主要特点

加强党组织建设，发挥党建引领作用。社会组织党建工作对于保证社会组织的发展方向，激发社会组织发展活力具有重要作用。2017 年度参评的全国性联合类社会团体均建立了独立党组织或联合党组织，通过开展多样性的党建活动，发挥党员的模范作用，增强内部凝聚力。在党组织作用发挥上，参评的联合类社会团体能够在党组织的指导下，积极利用党组织的枢纽作用来链接多方资源，加强与外部主体的交流互动，持续推动社会团体内部

能力建设。

积极参与政策制定，发挥好咨询功能。2017年度参评的全国性联合类社会团体中，7家向政府有关部门提出过政策建议，其中5家提出的政策建议被政府部门采纳；在承接政府购买服务上，6家联合类社会团体参与过政府的课题研究项目，其中2家承担过省部级以上的课题研究项目，积极发挥社会团体的研究优势，为社会发展政策的制定贡献专业力量。总体看来，参评的全国性联合类社会团体能够积极利用组织优势，参与到政府公共政策制定过程中，为社会经济发展发挥建议咨询功能。

（二）存在的不足与改善的方向

1. 学术类社会团体

加强领导班子建设，结合实际推动秘书长专职化。在日常工作中，秘书长是会长的参谋和助手，是联系上下左右、牵涉四面八方的总协调，是社会团体组织办事机构的"内管家"（王跃中，2016）。2017年度31家参评学术类社会团体中既有自然科学类学会，也有大量人文社科类学会，共18家无秘书长或秘书长为兼职，其中人文科学类的学术类社会团体秘书长兼职情况更为普遍，秘书长缺位或兼职限制了组织日常活动的开展，对社会团体的长期发展可能产生不利影响。学术类社会团体应该加强领导班子的建设，强化秘书长配置，由专职秘书长对社会团体活动进行管理。

2. 联合类社会团体

规范内部治理，增强业务开展能力。通过对2017年度全国性联合类社会团体的评估资料分析发现，部分联合类社会团体未按时召开会员（代表）大会，理事会未按期进行换届选择，影响了社会团体内部治理的规范性。在监事或监事会的设立和功能发挥上，表现也不够理想。在财务资产管理上，部分联合类社会团体未制定详细的财务资产管理、投资管理和预算管理相关制度，对社会团体的日常管理活动造成不利影响。参评的全国性联合类社会团体应对照内部治理的相关考评指标，结合自身存在的问题与不足，积极采取措施改进。

参考文献

王跃中，2016，《全面——社团组织秘书长的基本要求》，《中国社会组织》第 5 期。第 53 ~ 54 页。

徐家良，2010，《社会团体导论》，中国社会出版社。

徐家良，2016，《中国社会组织评估发展报告（2016）》，社会科学文献出版社。

徐家良，2017，《中国社会组织评估发展报告（2017）》，社会科学文献出版社。

赵兰，2013，《社会组织财务管理的问题与对策——对部分全国性社会组织财务审计机构的调查与思考》，《中国民政》第 2 期，第 31 ~ 32 页。

B.4
基金会评估专题分析

摘　要： 本报告是根据 2017 年度基金会评估结果及相关资料进行研究
分析的成果。2017 年度共有 35 家基金会参与评估，其中，
5A 级 3 家，4A 级 10 家，3A 级 19 家，2A 级 2 家，1A 级 1
家。整体而言，2017 年参评基金会具备较好的规范性发展能
力，规范化运作进展明显，项目公益性和效果有保障，信息
公开渠道日益完善，但评估过程中也发现基金会存在如下不
足：如基金会战略规划、会议纪要管理有待进一步加强，专
职人才队伍有待进一步充实。

关键词： 基金会　基础条件　内部治理　工作绩效　社会评价

一　2017 年度基金会评估总体情况

（一）评估背景

基金会指利用自然人、法人或者其他组织捐赠的财产从事公益事业为目
的的非营利性法人。在众多社会组织中，基金会在教育、医疗、卫生、艺术
等领域发挥募集社会资金、满足公众需求、传播慈善意识和推动社会发展的
重要作用（徐家良、卢永彬、赵璐，2014）。2007 年 10 月，民政部发布
《关于开展基金会评估工作的通知》，要求"凡在民政部登记一年以上，且
符合《全国性民间组织评估实施办法》中参评条件的基金会均须参加评
估"，启动了首批基金会评估工作，依照基金会评估指标和评估工作程序，

对基金会进行综合评判，评估等级结果从高至低依次为5A级、4A级、3A级、2A级、1A级，符合评估条件没有申请参加评估的视为无评估等级。评估对基金会的规范发展及能力提升起到了重要推动作用。

（二）指标构成情况

2017年度基金会评估指标与2016年度相比并没有太大变化。一级指标仍然为基础条件、内部治理、工作绩效和社会评价。基础条件满分为60分，内部治理满分为400分，工作绩效满分为420分，社会评价满分为120分。在二级指标方面，党组织分值调整为40分，财务资产管理分值调整为220分，其他相比2016年没有太大变化。

表1　2017年度基金会评估指标构成

一级指标	二级指标	
基础条件 （60分）	法人资格（23分）	变更登记和备案（10分）
	章程（10分）	遵纪守法（17分）
内部治理 （400分）	组织机构（65分）	人力资源管理（40分）
	党组织（40分）	财务资产管理（220分）
	领导班子（15分）	档案、证章管理（20分）
工作绩效 （420分）	社会捐赠、政府购买服务（50分）	项目开发与运作（130分）
	公益活动规模和效益（110分）	信息公开与宣传（95分）
	战略与计划（15分）	特色工作（20分）
社会评价 （120分）	内部评价（20分）	公众评价（30分）
	管理部门评价（70分）	

资料来源：根据2017年度基金会评估资料整理而成。

（三）评估结果概述

2017年度共有35家基金会参与评估，经全国性社会组织评估委员会全体会议终评，确定了2017年度基金会的评估等级结果。其中，5A级3家，4A级10家，3A级19家，2A级2家，1A级1家。

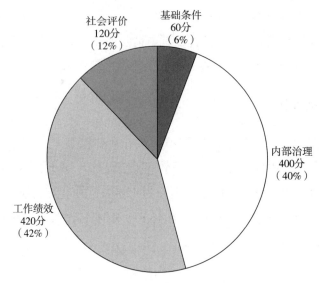

图1 2017年度基金会一级指标分值占比情况

资料来源：根据2017年度基金会评估资料绘制。

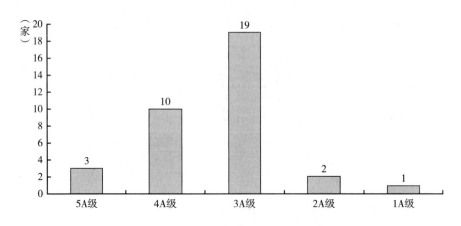

图2 2017年度各等级基金会数量分布情况

资料来源：根据2017年度基金会评估资料绘制。

与2015、2016年度相比，2017年度获评4A级、5A级的基金会数量有所增加（见图3）。

2017年度参评基金会的评估等级与基金会在各项一级指标上的得分呈

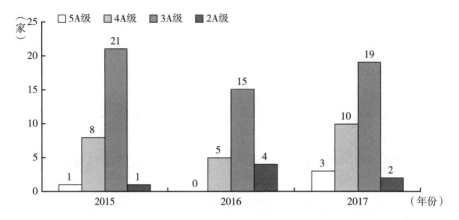

图3 2015～2017年度2A级至5A级基金会数量分布情况

资料来源：根据2015、2016、2017年度基金会评估资料绘制。

正相关。评估等级较高的基金会，在基础条件、内部治理、工作绩效和社会评价4项一级指标上的得分均值都高于评估等级较低的基金会。不同等级基金会在各项一级指标上的得分均值情况见表2。

表2 2017年度2A级至5A级基金会在各项一级指标上的得分均值

单位：分

评估等级	总分均值	基础条件	内部治理	工作绩效	社会评价
5A	910	59	349	396	107
4A	844	58	343	347	97
3A	742	52	323	280	88
2A	619	37	286	233	64

资料来源：根据2017年度基金会评估资料整理而成。

二 2017年度基金会评估结果分类指标分析

（一）基础条件指标评估结果描述

基础条件指标满分为60分，下设四个二级指标：法人资格，23分；章

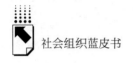

程，10 分；变更登记和备案，10 分；遵纪守法，17 分。二级指标中法人资格分值最高。从 2017 年度参评基金会的得分情况来看，4A 级和 5A 级的基金会分值较高，最高分与最低分差距较小，说明 4A 级及以上基金会在基础条件方面得分相对比较均衡，3A 级基金会最高分与最低分差距较大，说明一些 3A 级基金会在基础条件上差异较大。

表 3　2017 年度 2A 级至 5A 级基金会在基础条件指标上的得分情况

单位：分

	5A 级	4A 级	3A 级	2A 级
最高分	59	60	59	38
最低分	58	56	44	36
平均分	59	58	52	37
高低分差	1	4	15	2

资料来源：根据 2017 年度基金会评估资料整理而成。

下文将对 35 家参评基金会的 4 项二级指标评估结果分别进行讨论，分析各家基金会在法定代表人产生程序、办公场所、设立登记等基础性事项方面的情况。

基金会基础条件一级指标下 4 个二级指标中分值最高的指标是法人资格，该指标分值为 23 分。从总体来看，所有参评基金会在基础条件一级指标上总体表现较好，获得满分的基金会共计 5 家，占 14%，而 2016 年度在此项指标上无一家参评基金会获得满分，而得分为 22 分的基金会有 26 家，占 74%，两项合计占比达到 88%。

2017 年度参评基金会中上两个年度的年末净资产均不低于登记证书载明原始基金的基金会有 33 家，占 94%。相较于 2016 年度，2017 年度参评基金会的年末净资产总额和年末平均净资产总额均有所上升。

表 4　2016、2017 年度参评基金会年末净资产总额和年末平均净资产总额比较

年度	年末净资产总额	年末平均净资产总额
2016	218122.96 万元	9088.46 万元
2017	598637.35 万元	17103.92 万元

资料来源：根据 2017 年度基金会评估资料整理而成。

2017 年度参评基金会中 4A 级及以上基金会年末净资产总额和年末平均净资产总额均高于 3A 级基金会，尤其是在年末平均净资产总额上，3A 级基金会与 4A、5A 级基金会差距较为明显。

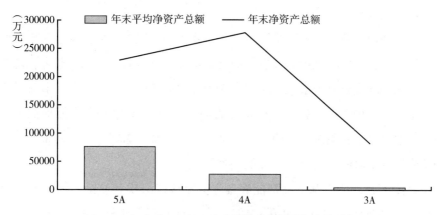

图 4　2017 年度 3A 级至 5A 级基金会年末净资产总额和年末平均净资产总额情况

资料来源：根据 2017 年度基金会评估资料绘制。

在法定代表人产生程序和任职资格方面，2017 年度参评基金会中有 31 家基金会能提供会议纪要或决议，会议纪要或决议明确记载出席理事人数和理事表决情况，出席理事人数和理事表决情况符合规定的基金会占 86%。2017 年度自有办公用房的参评基金会占比较小，所有参评基金会均能提供租赁手续或无偿使用证明，其中办公用房面积在 500 平方米以上的基金会共有 12 家，其中 5A 级基金会 3 家，4A 级基金会 3 家，3A 级基金会 5 家，2A 级基金会 1 家。

表 5　2017 年度参评基金会办公场所产权情况

单位：家

等级	自有产权拥有者数量	非自有产权拥有者数量
5A	1	2
4A	1	9
3A	1	18
2A	0	2
1A	0	1
总计	3	32

资料来源：根据 2017 年度基金会评估资料整理而成。

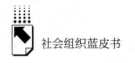

整体看，大部分基金会能够严格执行章程制定（修改）程序，对章程的制定和修改符合登记管理机关要求，2017 年度 83% 的基金会在"章程"二级指标上得分为 10 分（满分）。所有参评基金在章程修改时都能提交登记管理机关核准批复。

变更登记和备案主要考察基金会各主要事项变更之后向登记管理机关变更登记的情况，以及理事和监事等的备案情况。整体看，大多数基金会能够依法依规办理变更登记事项。2017 年参评的 35 家基金会在有变更事项时能按规定办理变更登记，相关指标得分为满分。26 家参评基金会能提供全部理事备案批复、备案及时，但也有少部分参评基金会备案不及时，未在理事变动后的规定时间内向登记管理机关备案。

整体上看，所有基金会都能够遵守国家法律法规和政策，在上两个年度均未受到政府部门行政处罚；18 家基金会上两个年度年检合格，14 家基金会 2015 年度年检合格，只有个别基金会上在上两个年度年检基本合格。2017 年度参评基金会均制定了重大事项报告制度，大部分重大事项能按照制度执行，也能提供材料。

（二）内部治理指标评估结果描述

内部治理指标满分为 400 分，是基金会评估指标中分值较高的指标。内部治理指标下设 6 个二级指标，分别为：组织机构，65 分；党组织，40 分；领导班子，15 分；人力资源管理，40 分；财务资产管理，220 分；档案、证章管理，20 分。

从 2017 年度 35 家参评基金会的得分情况来看，5A 级基金会分值较高，高低分差较小，说明 5A 级基金会在内部治理方面得分相对比较均衡，而 4A 级和 3A 级基金会的高低分差较大，说明一些 4A 级、3A 级基金会在内部治理方面差异较大。

下文将对 35 家参评基金会的 6 项二级指标评估结果分别进行讨论，分析 2017 年度参评基金会在组织机构、党组织、领导班子、人力资源管理、财务资产管理及档案、证章管理等内部治理方面的情况。

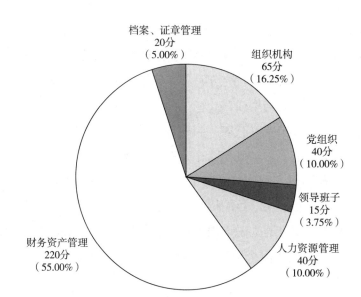

**图5 2017年度基金会在内部治理
二级指标上的分值占比情况**

资料来源：根据2017年度基金会评估资料绘制。

表6 2017年度2A级至5A级基金会在内部治理指标上的得分情况

单位：分

	5A级	4A级	3A级	2A级
最高分	358	372	378	302
最低分	335	309	270	270
平均分	349	343	323	286
高低分差	23	63	108	32

资料来源：根据2017年度基金会评估资料整理而成。

2017年度参评基金会在组织机构方面表现普遍良好，只有一些基金会在理事会方面失分相对较多。

会议纪要为本年度重点考察项目，2017年度35家参评基金会中，基金会理事发生变动的19家基金会都能提供会议纪要或决议，其中，会议纪要或决议撰写规范详细，且明确记载出席理事人数、表决情况且出席理事人数、表决情况符合规定的占72%。有少部分基金会理事会会议纪要不够规

范详细或未制作会议纪要。26 家基金会的理事会构成合理，参评基金会监事或监事会的运作都比较符合章程和法律法规要求，监事均未从基金会领取过报酬，大部分作用发挥比较充分，只有少部分基金会的监事发挥作用不够充分，有待进一步培育与增强。

专项基金管理、分支（代表）机构设立程序及运行监督是 2017 年度基金会评估的重要内容。参评基金会中，有 13 家基金会设立了专项基金、分支（代表）机构，设立程序符合基金会章程规定及相关管理办法，能提供证明资料。在 13 家设立了专项基金、分支（代表）机构的基金会中，有 9 家基金会依照相关制度建立了详细的运行监督体系，包括配套的监督流程、人员和监督反馈材料，但个别基金会对专项基金、分支（代表）机构的监督存在一定的提升空间。

2017 年度 35 家参评基金会共设置 88 个办事机构，其中设置办事机构最多的基金会设置了 13 个办事机构。大部分基金会制定了详细的办事机构工作职责，部门设置合理，所有办事机构均能正常开展工作。

2017 年度基金会评估增加了党组织二级指标的分值。党组织建立情况是重点评估指标。整体上看，绝大多数基金会建立了党组织，而且党组织在基金会日常管理中发挥着越来越重要的作用。

2017 年度参评基金会党组织建设进一步加强，党员数量明显增加（见图 6），相对来说，等级越高的基金会党组织建设工作越富有成效。

2017 年度 35 家参评基金会中 94% 的基金会有党员，有的基金会党员人数达到 49 名，有 30 名以上党员的基金会有 5 家。35 家参评基金会中，有 30 家基金会有 3 名以上党员，独立或联合建立了党组织，有 3 家基金会虽党员人数不足 3 名，但建立了联合党组织，有 2 家基金会没有党员，但有党建工作指导员。

从评估情况来看，2017 年度 35 家参评基金会的负责人履历都符合法律法规和章程要求，92% 的基金会无负责人超届现象，年龄未超过 70 周岁，或者超过 70 周岁经过登记管理机关批准，拥有专职秘书长的基金会有 25 家，占 71%。

人事管理中的劳动合同、社会保险是本次评估重点考察内容。本次评估

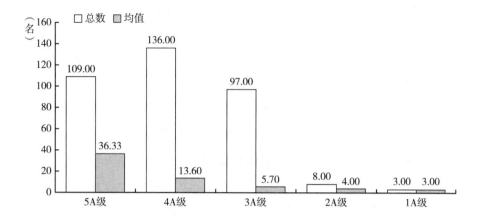

图6 2017年度参评基金会党员数量情况

资料来源：根据2017年度基金会评估资料绘制。

中，35家参评基金会与社会招聘的工作人员均签订了劳动合同，也全部缴纳了社会保险，劳动合同和社会保险都能够依法依规办理。

在专职工作人员方面，大多数参评基金会专职工作人员在7个以上，但部分工作人员只参加过少量培训或未参加过培训，培训工作有待加强。从评估报告反馈情况看，各参评基金会员工状态良好，大多数员工的经历和专业背景与基金会发展的匹配度较高，员工工作态度积极，精神面貌较好，有较强的责任担当意识，对其工作内容有价值感、胜任感和满足感。当然，也有少数基金会员工的工作经历及专业背景与基金会发展的匹配度较低。

志愿者是基金会发展的重要力量，参评基金会中有28家基金会建立了详尽的志愿者管理制度，有22家基金会有一定数量的志愿者队伍，形成常态化运作，25家基金会的志愿者广泛参与基金会的公益项目，也有少数基金会不够重视志愿者队伍建设，缺乏志愿者招募及管理制度、经验，需要加强志愿者队伍建设。

财务资产管理是组织合规性的重要体现，是历年基金会内部治理指标评估的重点，分值为220分，是二级指标中分值最高的指标。评估发现，2017年度参评基金会大多未有违反国家政策法规、章程规定的事项，内部管理较

为规范，大部分配备 2 名以上具有会计从业资格的专职工作人员，建立了会计人员岗位职责制度并明确了分工和责任，32 家参评基金会的会计、出纳按规定由不同人员担任并按制度要求履行职责，24 家参评基金会的会计部门负责人或主管会计具有会计师以上职称或具有注册会计师资格，但也有个别基金会由非本单位人员兼任会计或出纳，或会计机构负责人或主管会计不具有会计师以上职称或不具有注册会计师资格。

账务处理也是内部治理指标考察的重点内容，参评基金会账务处理都较为规范。97% 的基金会会计核算实行电算化且使用的软件符合《民间非营利组织会计制度》的要求，个别基金会的会计档案管理存在不足，需要改进。大部分基金会制定了预算管理制度，但有部分基金会未编制预算执行情况报告，或预算执行情况报告未经理事会审议。

项目支出也是内部治理指标考察的重点内容，2017 年度，参评基金会中的 29 家基金会在项目支出一项上获得满分。个别基金会存在未建立项目财务管理制度或只建立了简单的项目财务管理制度的问题，部分基金会未对符合条件的重大公益项目进行审计并出具专项审计报告，反映出基金会专项审计方面仍需要加强。

2017 年度绝大部分参评基金会财务报告内容较为完整，且经理事会审议并批准，但也有少部分基金会的财务报告内容不完整。所有参评基金会的年度财务报表审计报告格式符合《基金会财务报表审计指引》要求且披露的信息不存在重大遗漏或舞弊，也有个别基金会未制定对财务进行监督的制度、未按规定进行法人离任或换届财务审计。

所有参评基金会在证书管理、印章管理方面都较为规范。大部分基金会建立了档案管理制度，绝大部分基金会档案资料齐全，整理、保管有序。

（三）工作绩效指标评估结果描述

2017 年度基金会评估指标体系中，一级指标工作绩效下设 6 项二级指标：社会捐赠、政府购买服务，50 分；公益活动规模和效益，110 分；战略与计划，15 分；项目开发与运作，130 分；信息公开与宣传，95 分；特色工作，20 分。

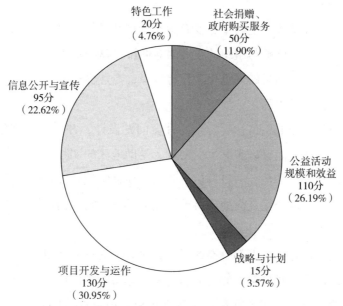

图 7　2017 年度基金会在工作绩效二级指标上的分值占比情况

资料来源：根据 2017 年度基金会评估资料绘制。

整体而言，参评基金会公益支出较高，项目公益性较高，取得了较高的社会效益。从 2017 年度 35 家参评基金会的得分情况来看，5A 级基金会分值较高，高低分差较小，说明 5A 级基金会在工作绩效各方面表现均比较好，而 4A 级和 2A 级基金会工作绩效方面的高低分差较大。

表 7　2017 年度 2A 级至 5A 级基金会在工作绩效指标上的得分情况

单位：分

	5A 级	4A 级	3A 级	2A 级
最高分	405	400	312	279
最低分	385	312	238	186
平均分	396	347	280	233
高低分差	20	88	74	93

资料来源：根据 2017 年度基金会评估资料整理而成。

在公益支出比例方面,所有参评基金会的公益支出均符合《基金会管理条例》、《关于慈善组织开展慈善活动年度支出和管理费用的规定》等规范性文件要求。

大部分参评基金会上两个年度有工作计划和总结,材料详细,工作计划得到很好的落实,能够与组织的发展战略匹配。从总体上看,参评基金会项目的公益性较高,项目的规范化运作有保障,专业性得分较高,但在创新性方面还有待进一步提高。

大部分基金会的项目针对特定的社会问题设计,并进行了充分的研究、论证,项目实施后能够确实满足受助人、受助地区的实际需求,收到很好的效果,但也有个别基金会项目目标不明确或项目实施后没有明显满足特定的社会需求。绝大部分基金会的项目被评定为具有一定的创新性,具有可积累性。

在信息公开方面,大部分参评基金会建立了信息公开制度,方便捐赠人和公众查询,重视对捐赠人的反馈和相关主体的隐私保护,但有个别基金会公开信息的内容不全面。所有参评基金会相关信息都能够查询到,其中30家基金会有独立网站。参评基金会年度工作报告、财务审计报告的公布情况相对较好,绝大部分基金会通过指定媒体公布了年度工作报告摘要,其中27家基金会还通过官网公布了年度工作报告全文,有33家基金会通过官网或其他渠道向社会公开了财务审计报告(含财务报表),各家基金会公开了资金使用情况,获得了较好的评价。

评估资料及基金会的年度工作报告显示,多家参评基金会开展了多项特色工作,例如中国妇女发展基金会积极开展国际援助,筹备中非妇女发展基金,参与联合国经济社会相关议题的讨论等;再如中国青少年发展基金会开展了"保护母亲河行动项目"、"希望医院(卫生室)"等项目,助力环境治理和环境保护,提升偏远地区基本公共卫生水平、基本医疗服务能力等,表明大部分基金会能够开展与其关注领域或使命愿景密切相关的工作。

（四）社会评价指标评估结果描述

2017年度基金会评估指标体系中，一级指标社会评价下设3项二级指标：内部评价，20分；公众评价，30分；管理部门评价，70分。总体来说，2017年度参加评估的35家基金会在一级指标社会评价上得分较高，70%以上的基金会获得了不错的分数，显然这与基金会项目影响范围、参与范围以及无负面影响等因素密切相关。

表8　2017年度2A级至5A级基金会在社会评价指标上的得分情况

单位：分

	5A级	4A级	3A级	2A级
最高分	108	108	100	71
最低分	104	84	74	56
平均分	107	97	88	64
高低分差	4	24	26	15

资料来源：根据2017年度基金会评估资料整理而成。

绝大多数基金会内部评价都不错，5A级、4A级基金会公众评价较高，几乎获得满分。各家基金会的得分差异主要体现在获得的表彰和奖励情况上，获得过表彰和奖励的基金会因为奖励级别不同而获得分值不同，获得中华慈善奖等国家级奖项和省部级重要奖项的基金会，在管理部门评价上能够获得较高分数。

三　2017年度基金会特点总结

基金会作为社会组织中的一种重要类型，对调配社会资源、实施扶危济困、弘扬社会正气、推动社会发展具有极其重要的作用。通过开展评估工作，推动基金会规范发展，强化社会监督，对于激发基金会参与活力、提升其参与社会治理的能力具有重要意义。对2017年度基金会的评估资料进行

分析可以发现，近些年，我国基金会的发展取得了显著的成绩，但也存在一些不足。

（一）参评基金会取得的成绩

1. 规范化运作进展明显

2017年度参评基金会运作普遍较为规范，都能够在遵守国家法律法规和政策的前提下开展各项工作，重视党组织建设及发挥党建作用，普遍建立健全了党建工作机制，建立了独立党组织或联合建立了党组织，而且党组织在基金会管理中发挥着越来越重要的作用。35家参评基金会的监事或监事会运作都比较符合章程和法律法规要求，大部分能够得到较高分值。在人员管理方面，重视工作人员福利薪酬体系建设，能够与全部社会招聘人员签订劳动合同并为其缴纳社会保险。在具体运营过程中，参评基金会在接受和使用公益捐赠、基金会的交易、合作及保值增值、信息发布等方面都能够按照《基金会管理条例》等规范性文件要求规范操作。

2. 项目公益性和效果有保障

2017年度参评基金会能够在保证项目实施规范性的基础上，注重发挥项目的公益性，将项目产生的收益惠及更多的目标群体。在项目实施效果方面，多数参评基金会能够根据项目实施地区的发展实际，借助专业力量制订详细的项目实施方案，确保项目的科学性和项目效益最大化，解决目标对象的实际问题。

3. 信息公开渠道日益完善

2017年度参评基金会能够建立信息公开制度，接受公众监督。评估资料显示，35家参评基金会中30家有独立网站，能够利用网站公布基金会基本信息，加深社会公众对基金会的了解。此外，参评基金会重视微信公众号建设，积极开展项目宣传推广活动，善于利用网络募捐平台开展募捐活动，使用"互联网＋"技术开展募集资金的统计、反馈工作，发挥信息公开对基金会建设的正向影响。

（二）参评基金会存在的不足

1. 战略规划有待进一步加强

在三级指标"年度工作计划与实施"方面，大部分基金会上两个年度制订了详细的工作计划和总结，能够按照计划组织实施各项工作，工作计划能够匹配基金会的战略发展。但评估发现，参评基金会的战略规划指标得分相对较低，一些基金会未能制定规划或规划内容过于简单，缺乏针对性，与基金会定位不够匹配，需要进一步加强战略规划。

2. 会议纪要管理有待进一步加强

会议纪要历来是基金会评估的重要指标，从评估情况看，大多数基金会能够重视会议纪要的撰写、整理，能够按照规定格式书写会议纪要，尤其是有过评估经历的基金会在会议纪要方面表现良好。但也有部分参评基金会仍然不太重视会议纪要，个别基金会的一些重要会议甚至在评估时未能提供会议纪要，或相关内容体现不出会议召开情况，需要进一步重视及改进。

3. 基金会专职人才队伍有待进一步充实

尽管各基金会员工状态良好，大部分基金会员工的工作经历和专业背景能够与基金会的定位相匹配，员工对其工作内容有价值感、胜任感和满足感。但 2017 年度基金会评估发现，基金会专职工作人员数量仍然不足，个别基金会甚至没有专职工作人员，一些基金会工作人员参加培训少，对社会组织登记管理的政策法规或基金会能力建设方面的专业知识缺乏了解。

参考文献

廖鸿主编，2012，《社会组织评估指引》，中国社会出版社。

卢玮静，2012a，《基金会评估历程、开展状况与特点》，《社团管理研究》第 2 期。

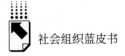
卢玮静，2012b，《基金会评估的理论框架》，《社团管理研究》第2期。

徐家良、郝斌、卢永彬，2015，《个人被动捐赠影响因素的探索性研究——以上海地区公众为例》，《学习与实践》第3期。

徐家良、廖鸿主编，2014，《中国社会组织评估发展报告（2014）》，社会科学文献出版社。

徐家良、廖鸿主编，2015，《中国社会组织评估发展报告（2015）》，社会科学文献出版社。

徐家良、廖鸿主编，2016，《中国社会组织评估发展报告（2016）》，社会科学文献出版社。

徐家良、卢永彬、赵璐，2014，《中国基金会治理核心评估内容研究》，《社会科学辑刊》第6期。

B.5
社会服务机构评估专题分析

摘　要：　2017 年度，4 家社会服务机构参与评估并获得评估等级，其中 3 家 3A 级，1 家 2A 级。本报告主要分析了参评社会服务机构在基础条件、内部治理与工作绩效方面的整体情况，并根据评估资料总结了 2017 年度参评社会服务机构的主要优势与存在的不足。2017 年度参评社会服务机构在党组织建设和服务功能发挥上取得了一定的成绩，但也面临财务管理规范性、信息公开和宣传方面的不足，需要采取措施改进。

关键词：　社会组织评估　社会服务机构　基础条件　内部治理　工作绩效

一　2017年度社会服务机构评估总体情况

（一）评估背景

2012～2017 年度，参与评估的社会服务机构（民办非企业单位）数量分别为 4 家、1 家、2 家、5 家、5 家和 4 家，2013～2015 年度数量有所增加，但总体数量较少，详见图 1。

（二）指标构成情况

通过将 2016 年度与 2017 年度社会服务机构的评估指标进行对比分析可以发现，内部治理和工作绩效指标的具体分值有所变化。2017 年度内部治

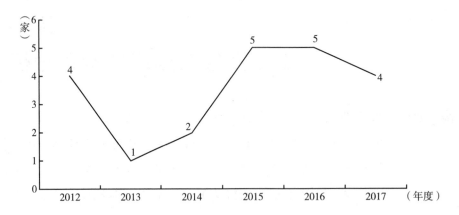

图1　2012～2017年度参评社会服务机构数量变化情况

资料来源：根据中国社会组织网发布的资料和全国性社会组织评估资料绘制。

理分值增加到400分（2016年度为390分），工作绩效减少至420分（2016年度为430分）。4项一级指标满分不变，为1000分。

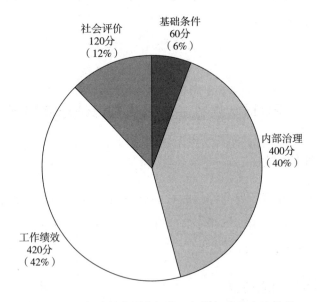

图2　2017年度社会服务机构一级指标分值占比情况

资料来源：根据中国社会组织网发布的资料绘制。

在二级指标方面，2016 年度与 2017 年度相比，基础条件下的二级指标及分值没有变化，内部治理下的二级指标未发生变化，但党组织的分值由 30 分增加到 40 分。工作绩效下的二级指标未发生变化，但信息公开和服务承诺由 110 分降为 100 分。基础条件下设 4 个二级指标——法人资格（28 分）、章程（10 分）、变更和备案（14 分）及年度检查（8 分），其中法人资格分值占比最高；内部治理下设 6 个二级指标——组织机构、党组织、领导班子、人力资源、财务资产管理及档案、证章管理，其中财务资产管理（160 分）分值占比最高；工作绩效下设业务管理、提供业务服务、信息公开和服务承诺、国际活动、社会宣传和特色工作 6 个二级指标，其中提供业务服务的分值占比最高；社会评价下设内部评价、公众评价和管理部门评价三个二级指标，其中管理部门评价分值占比最高，详见表 1。

表 1　2016 年度、2017 年度社会服务机构评估指标构成及分值情况

2016 年度		2017 年度	
一级指标	二级指标	一级指标	二级指标
基础条件 （60 分）	法人资格（28 分）	基础条件 （60 分）	法人资格（28 分）
	章程（10 分）		章程（10 分）
	变更和备案（14 分）		变更和备案（14 分）
	年度检查（8 分）		年度检查（8 分）
内部治理 （390 分）	组织机构（70 分）	内部治理 （400 分）	组织机构（70 分）
	党组织（30 分）		党组织（40 分）
	领导班子（35 分）		领导班子（35 分）
	人力资源（55 分）		人力资源（55 分）
	财务资产管理（160 分）		财务资产管理（160 分）
	档案、证章管理（40 分）		档案、证章管理（40 分）
工作绩效 （430 分）	业务管理（75 分）	工作绩效 （420 分）	业务管理（75 分）
	提供业务服务（185 分）		提供业务服务（185 分）
	信息公开和服务承诺（110 分）		信息公开和服务承诺（100 分）
	国际活动（15 分）		国际活动（15 分）
	社会宣传（25 分）		社会宣传（25 分）
	特色工作（20 分）		特色工作（20 分）

续表

2016 年度		2017 年度	
一级指标	二级指标	一级指标	二级指标
社会评价 (120 分)	内部评价(40 分)	社会评价 (120 分)	内部评价(40 分)
	公众评价(10 分)		公众评价(10 分)
	管理部门评价(70 分)		管理部门评价(70 分)

资料来源：根据 2016、2017 年度社会服务机构评估指标编制。

（三）评估结果概述

2017 年度共 4 家社会服务机构参与评估，经评估专家组实地考察和评估，确定 3A 级 3 家（长江商学院、仲和视觉康复发展中心、新世纪国际课程研究和推广中心），2A 级 1 家。从不同评估等级社会服务机构的平均分看，3 家 3A 级社会服务机构在基础条件、内部治理、工作绩效 3 个一级指标上的平均分均高于 2A 级社会服务机构。

二 2017年度社会服务机构评估结果分类指标分析

（一）基础条件指标评估结果描述

2017 年度社会服务机构基础条件一级指标下设四个二级指标，分别是：法人资格（28 分）、章程（10 分）、变更和备案（14 分）和年度检查（8 分）。从平均分看，获评 3A 级的社会服务机构在基础条件上的平均分为 52 分，高于 2A 级社会服务机构（39 分）。

1. 法人资格相关指标

法人资格二级指标下有 4 个三级指标：法定代表人（5 分）、活动资金（8 分）、名称使用（5 分）和办公条件（10 分）。在法定代表人方面，2017 年度 3 家参评社会服务机构能够提供相对规范的会议纪要或决议；在活动资金上，4 家参评社会服务机构都开立了独立银行账户，但有的社会服务机构上两个年度年末净资产总额低于登记的开办资金数，持续运营能力需要进一步提升；在名称使用上，4 家参评社会服务机构的名称牌匾均悬挂于办公场所外且名称使用规范；在办公条件上，4 家参评社会服务机构有独立办公用房，办公设施与办公环境相对较好。

2. 章程相关指标

章程下设制定程序（5 分）和章程核准（5 分）两个三级指标，总分为10 分。2017 年度参评社会服务机构在章程核准上均做到了规范操作，但有1 家社会服务机构不能提供相关会议纪要。

3. 变更和备案相关指标

变更和备案主要关注社会服务机构主要事项变更后是否按规定进行法定代表人、办公场所等登记变更或理事、负责人备案。参评社会服务机构均能按管理要求进行规范操作。

（二）内部治理指标评估结果描述

内部治理一级指标下设 6 个二级指标，分别是组织机构（70 分）、党组织（40 分）、领导班子（35 分）、人力资源（55 分）、财务资产管理（160分）及档案、证章管理（40 分）。

1. 组织机构相关指标

组织机构下设理事会（30 分）、工会（10 分）、监督机构（20 分）和办事机构（10 分）四个三级指标，主要考察社会服务机构决策机构、监督机构和办事机构的相关情况。

在理事会方面，4 家参评社会服务机构的理事会成员在 3～25 人之间，理事会能够按期进行换届；在监督机构上，4 家参评社会服务机构全部设立了监事，但有 1 家社会服务机构出现了监事未列席会议的情况，未能有效发挥监事作用；在办事机构上，4 家参评社会服务机构的办事机构设置合理，制定了办事机构工作职责，活动开展注重规范性。

2. 人力资源相关指标

人力资源的三级指标包括人事管理和工作人员。人事管理指标考察社会

服务机构的人员聘用、薪酬、人员培训、劳动合同、社会保险和住房公积金相关情况；工作人员指标主要关注工作人员数量、年龄结构和学历情况。参评社会服务机构均制定了工作人员聘用制度，与工作人员签订劳动合同并为其缴纳住房公积金；工作人员都很积极，对工作内容有价值感。

3. 领导班子相关指标

领导班子下设1个三级指标，考察负责人的产生程序、履职情况、行政负责人是否为专职、行政负责人产生方式与年度绩效考核情况。参评社会服务机构中，3家负责人的产生程序符合章程规定，负责人履职情况得分较高。

4. 财务资产管理相关指标

财务资产管理是内部治理考察的重点，分值占比为40%。财务资产管理下设10个三级指标，分别为合法运营、会计核算管理、资金管理、公益项目收支管理、实物和无形资产管理、投资管理、会计人员管理、税收和票据管理、财务报告和财务监督。参评社会服务机构基本能够做到合法运营，建立会计人员岗位职责制度，但有的会计人员配备不规范，由非专职人员兼任会计或出纳，会计人员未全部有从业资格证书，在一定程度上影响了财务管理的科学性。在会计核算管理上，基本能够做到规范操作，账务处理符合管理规定。在实物和无形资产管理上，4家参评社会服务机构均建立了资产管理制度，其中两家需要进一步完善资产管理制度。在财务报告上，4家参评社会服务机构全部制定了财务报告制度，但部分财务报告制度内容不完整，需要改进。在财务监督上，参评社会服务机构在捐赠人监督和财务报表审计上表现较好。

（三）工作绩效指标评估结果描述

工作绩效一级指标下设业务管理、提供业务服务、信息公开和服务承诺、国际活动、社会宣传和特色工作6个二级级指标，其中提供业务服务的分值最高（185分）。2017年度获评3A级的社会服务机构工作绩效的平均分为319分，其中最高分为381分，最低分为237分，高于2A级社会服务机构。

1. 业务管理相关指标

业务管理下设 3 个三级指标，分别是业务计划、业务（项目）开展执行及业务（项目）监督、总结与评估，总分为 75 分。参评社会服务机构都制订了业务发展计划，业务活动均符合机构宗旨和业务范围。在业务（项目）开展执行上，全部建立了业务（项目）流程化管理制度，基本能够实现有序管理。在业务（项目）监督、总结与评估上，参评社会服务机构能够按照业务（项目）监督检查制度对所有项目进行检查，并对业务（项目）进行总结。

2. 提供业务服务相关指标

提供业务服务指标关注组织服务功能的发挥与服务效果，下设业务规模效益、服务专业性、服务效果与影响、服务政府和服务社会 5 个三级指标、18 个四级指标，总分为 185 分。在服务专业性上，4 家参评社会服务机构在服务定位、服务技术能力和服务过程的资源保障上均得到了较好的评价。在服务效果与影响上，能够保证服务的独特性和创新性，延伸服务的社会效果，但是需要进一步发掘项目的社会受众，增加面向全体受众的项目数量。在服务政府上，有 3 家参评社会服务机构接受政府部门的委托项目，积极开展公益活动。

3. 信息公平和服务承诺与社会宣传相关指标

在信息公开和服务承诺上，3 家参评社会服务机构制定了信息公开制度，但公开信息不够准确和详尽。在服务承诺制度制定、公开承诺服务内容和承诺服务方式及结果上，需要采取措施加以改进。在社会宣传上，参评社会服务机构需要加强网站和新媒体的建设与运用。

三 2017 年度社会服务机构评估特点总结

从评估资料看，参评社会服务机构重视党组织建设，社会服务功能发挥较好，但是财务管理制度不够规范、信息公开内容不够丰富、宣传功能发挥不强，需要进一步改进。

（一）参评社会服务机构的主要优势

1. 重视党组织建设

参评社会服务机构中有 3 家建立了党组织，另外 1 家社会服务机构正在申请建立党组织。在党组织活动上，参评社会服务机构都能开展多种类型的党组织活动，丰富组织生活，提高组织凝聚力。

2. 服务功能发挥较好

社会服务机构是开展社会服务的有效载体，服务对象和服务内容具备多样性。在承接政府购买服务和开展社会公益活动上，有 3 家社会服务机构承接两项及以上的政府部门委托项目与购买服务，并能够积极开展公益活动。2017 年度参评的 3 家社会服务机构开展过 3 项以上公益活动或有公益活动形成品牌，获得了良好的外部评价。

（二）参评社会服务机构存在的不足

一是财务管理制度不够规范。财务活动是社会组织合规性的基础，同时具有高度的敏感性，是社会公众关注的焦点。参评社会服务机构在财务资产管理上存在一定的不足，需要采取措施加以改进。二是信息公开内容不够丰富，宣传功能发挥不强。利用互联网技术公开组织相关信息，有利于加强组织与社会公众的互动沟通，增强组织的公信力。但 2017 年度参评社会服务机构存在机构信息与业务活动信息公开的内容不详尽或并未公开相关信息的现象，宣传功能未得到有效发挥，不利于公众了解组织及组织的持续发展。

参考文献

罗敏闻、刘玉照，2015，《社会组织发展与国家权力的运作——基于上海市 XJY 的实证研究》，载徐家良主编《中国第三部门研究》第 2 期，上海交通大学出版社。

孙莉莉，2015，《当前公共服务型社会组织参与社会治理的模式》，载徐家良主编《中国第三部门研究》第 2 期，上海交通大学出版社。

王建军，2012，《当前我国社会组织培育和发展中的问题与对策》，《四川大学学报》（哲学社会科学版）第 3 期。

谢菊、马庆钰，2015，《中国社会组织发展历程回顾》，《云南行政学院学报》第 1 期。

徐家良，2016，《政府购买社会组织公共服务制度化建设若干问题研究》，《国家行政学院学报》第 1 期。

徐家良主编，2017，《中国社会组织评估发展报告（2017）》，社会科学文献出版社。

徐家良、廖鸿主编，2015，《中国社会组织评估发展报告（2015）》，社会科学文献出版社。

B.6
上海市社会组织评估分析

摘　要： 2017 年度上海市 218 家市级社会组织参与等级评估，浦东新区 117 家社会组织参与并完成评估，静安区共 26 家社会组织参与并完成评估。本篇报告分别从评估的基本情况、评估工作的特色和评估工作的成效三个方面对上海市市级社会组织、浦东新区社会组织和静安区社会组织的评估进行了分析，从总体上看，上海市市级社会组织和区级社会组织评估工作都取得了一定的成效，通过评估工作推动了社会组织的建设和发展，但也存在一些问题和不足需要改进。

关键词： 社会组织评估　评估指标　工作特色　评估动员

一　上海市市级社会组织评估分析

（一）上海市市级社会组织评估基本情况

根据民政部《社会组织评估管理办法》和上海市社会组织评估相关管理规定，2017 年度上海市市级社会组织规范化建设评估工作由上海市社会组织评估院负责开展，上海市社会组织评估院拥有丰富的评估经验，机构实力较强，多次受上海市社会组织规范化建设评估委员会委托，开展市级社会组织评估工作。2017 年度，上海市社会组织评估院依据上海市社会组织规范化建设评估标准对社会团体、民办非企业单位和基金会进行分类评估，出具评估意见，报送评估委员会进行审议。评估等级经评估委员会审议通过后，向全社会进行公示。

经统计，2017 年度上海市共 218 家市级社会组织参与等级评估，获评 5A 级的社会组织 83 家，4A 级 117 家，3A 级 16 家，2A 级 2 家，4A 级社会组织占比最高为 54%，5A 级占比为 38%。占比详细情况见图 1。

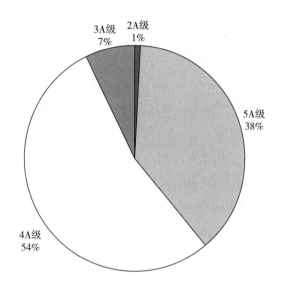

图 1　上海市市级社会组织评估等级占比

资料来源：根据上海市社会组织网评估结果公示绘制。

从图 1 可以看出，4A 级社会组织数量最多，占比 54%，5A 级占比 38%，居第二位，3A 级和 2A 级社会组织共占比 8%。从各评估等级占比可以看出，上海市市级社会组织获得的评估等级较高，规范化建设与发展取得了一定的成效。

（二）上海市市级社会组织评估工作的特色

1. 加强对评估工作的指导

为保证上海市社会组织评估工作的顺利进行和评估过程的规范性和高效性，上海市社会团体管理局于 2017 年 5 月和 12 月分别召开第一次和第二次社

会组织评估委员会会议。同时，为保证评估数据的正确性，上海市社会团体管理局组织精干人员与上海市社会组织服务中心共同进行评估数据的补录、校正等工作，保证评估结果的公正性。上海市社会组织评估工作在上海市社会团体管理局的统一领导下，各区根据《社会组织评估管理办法》和上海市社会组织评估的相关管理规定，分别开展本地区的社会组织评估工作。

2. 选择专业能力强的第三方评估机构

上海市市级社会组织评估通过招投标形式由上海市社会组织评估院负责具体执行。为保证社会组织等级评估工作的规范性和高效性，上海市社会组织评估院逐步完善评估专家队伍建设，选聘专业能力强、经验丰富的评估专家并组成评估专家数据库，为评估工作储备专业人才。同时，上海市社会组织评估院制定《评估工作守则》和《评估专家守则》，规范评估工作实施流程，建立评估工作的长效管理机制。

3. 上海市市级社会组织评估工作的成效

（1）修订和完善评估指标

为提高社会组织评估工作的专业性，上海市社会团体管理局在总结 2017 年度上海市社会组织评估工作问题与经验的基础上，委托第三方机构对《上海市社会组织评估指标（2015 版）》进行修订，修订过程中积极面向相关组织和人员征求意见并多次开展集中研究讨论，确保新版评估指标的适用性。《上海市社会组织评估指标（2018 版）》经上海市社会团体管理局局长办公会议通过，将于 2019 年 1 月 1 日起正式实施。新评估指标减少了基础条件的分值，增加了四级指标的数量，总指标数量（2018 版为 837 个）增加了 20%。[①]

（2）将评估等级与政府购买服务挂钩

政府购买社会组织公共服务是民营化浪潮的产物，也是政府采购的组成部分（徐家良、赵挺，2013）。上海市民政局、上海市社会团体管理局在《上海市承接政府购买服务社会组织推荐目录（2017 版）》的基础上，编制《上海市承接政府购买服务社会组织推荐目录（2018 版）》，将评估等级结

---

① 相关数据资料来源于人民政协网，http://csgy.rmzxb.com.cn/c/2018-09-26/2177466.shtml。

果与政策优惠相挂钩，增强参评意愿，进一步推动社会组织的规范发展。只有社会组织评估等级在 3A 及以上时，才能被纳入上海市承接政府购买服务社会组织推荐目录中，成为承接政府购买服务的优先主体，评估等级越高，优先等级越高。通过政策优惠调动上海市社会组织的参评积极性，充分发挥以评促育、以评促管的作用。

2017 年度参评的上海市市级社会组织中，部分社会组织尚未建立独立的党组织，党建功能发挥需要继续加强。

二　上海市区级社会组织评估分析

上海市共 16 个区，浦东新区和静安区社会组织发展较快，评估过程形成了一些特色的经验和做法，所以此次选择浦东新区和静安区进行区级层面社会组织的评估分析。

（一）上海市浦东新区社会组织评估分析

1. 上海市浦东新区社会组织评估基本情况分析

根据民政部《社会组织评估管理办法》（民政部令第 39 号）和上海市社会团体管理局评估工作要求，浦东新区于 2017 年 1 月下发《关于开展2017 年浦东新区社会组织规范化建设评估工作的通知》，积极准备本年度评估工作。2017 年 3 月社会组织评估正式开始，截至 5 月 31 日，共 131 家社会组织完成申报材料的提交，最终 117 家参评社会组织完成评估，① 申报 4A及以上等级的社会组织 19 家，3A 及以下等级的社会组织 98 家。最终评估结果如下：5A 级 14 家，4A 级 5 家，3A 级 51 家，2A 级 25 家，1A 级 14家，8 家无评估等级。② 占比详见图 2。

从图 2 可以看出，2017 年度上海市浦东新区参评社会组织获评 3A 级的

---

① 后续过程中，14 家社会组织退出评估。
② 社会组织评估分数未达到 700 分，不能获得评估等级。

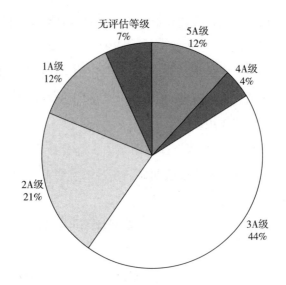

图 2　2017 年上海市浦东新区社会组织评估等级分布

资料来源：根据 2017 年度浦东新区社会组织评估资料绘制。

数量最多，占比为 44%；2A 级占比 21%，居第二位。但是获评 5A 级和 4A 级的社会组织数量总体占比仅为 16%，所占比例较少，社会组织的规范性建设与能力建设需要进一步加强。

2. 上海市浦东新区社会组织评估工作的特色

一是加强评估宣传，增强参评意愿。2017 年 1 月，浦东新区民政局在连续下发两项关于社会组织评估通知的基础上，积极通过线上宣传和线下动员的形式，调动本区社会组织参与评估的积极性。一方面通过社会组织网等媒体加强社会组织评估工作的宣传，提示有意向参加评估的社会组织做好相关准备工作；另一方面结合社会组织年度检查等各类工作会议，对社会组织进行现场动员。两种方式的结合，有效增加了浦东新区参与社会组织评估活动的社会组织数量。

二是开展线下专题培训活动，提高社会组织评估效率。浦东新区社会组织服务中心在 4 月组织了两场专题培训，向预申报的社会组织集中讲解评分指标，指导评估的注意事项。参评社会组织可以通过电话的方式向服务中心进行咨询，对具有特殊困难的社会组织开展上门辅导。7 月，浦东新区再次组织集中培训，一方面为参加评估的社会组织进行现场指导；另一方面，对 20 位评估专家组成员开展培训，解读社会组织评分标准，明确扣分事项。同时强调评估纪律，确保评估结果的公平公正。

三是深化与第三方机构的合作。浦东新区社会组织评估继续由新区民政局委托上海浦东新区社会组织服务中心开展社会组织评估相关的组织、协调、培训和指导等工作。申报 4A 级及其以上等级的社会组织现场评估工作委托上海市社会组织评估院进行，签订购买服务协议，明确双方权责，确保社会组织评估工作的规范性和有序性。

3. 上海市浦东新区社会组织评估工作的成效

一是参评社会组织数量增幅较大。2017 年度浦东新区社会组织参加评估的数量激增，从参加培训和自我评估的社会组织数量对比分析看，2015 年度 53 家，2016 年度 55 家，2017 年度超过 150 家。社会组织参评数量的增加，一方面是因为各级政府部门的大力倡导与相关培训工作的支持，为多数社会组织解决了许多问题，增强了社会组织参加评估的信心；另一方面是因为社会组织的发展水平不断提升，希望通过参加等级评估提高组织的影响力与公信力，实现可持续发展。

二是参加评估的社会组织范围拓宽。本年度参加评估的社会组织范围较广，主要表现在两方面：一方面，参加评估的社会组织来源范围广，基本覆盖了浦东新区大部分街镇；另一方面，参加评估的社会组织涉及的范围较广，2017 年度，3 家学历制学校首次参与等级评估，由于学校的规模较大，社会影响力强，其获得的等级评估结果受到的社会关注度也较高。除此之外，浦东新区 13 家街镇居家养老服务中心集中参与社会组织等级评估，这在一定程度上可以促进养老领域社会组织的规范化运作与发展。

社会组织积极参与社会组织等级评估，是组织自身追求良性发展的表现。但是在评估过程中发现，部分社会组织在政府部门的动员下积极申报参与后，并未仔细完成后续的评估准备，没有认真准备和开展自评，对评估成

社会组织蓝皮书

绩造成一定的影响，在下一年度评估工作中需要加强社会组织对评估工作的重视。

（二）上海市静安区社会组织评估分析

1. 上海市静安区社会组织评估的基本情况

开展社会组织等级评估有利于促进社会组织内部治理结构的完善，促进社会组织的自我发展和社会组织形象的展示。上海市静安区社会组织管理部门重视社会组织的发展建设，社会组织的发展相对成熟，且发展速度较快。

2017年度静安区社会组织评估前期申报为35家，最终参与评估者共26家，[①] 分别由市社会组织评估院和区社会组织评估事务服务中心各评估13家，其中5A级2家，4A级9家，3A级7家，2A级3家，1A级4家，1家社会组织未获评估等级，详见图3。

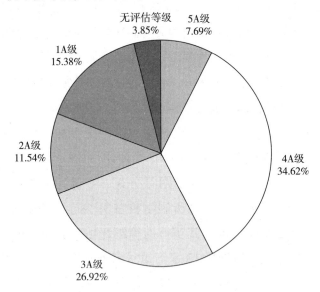

图3 2017年度上海市静安区参评社会组织评估等级占比情况

资料来源：根据2017年度上海市静安区社会组织评估资料绘制。

---

① 评估过程中，9家社会组织因准备不充分退出。

2. 上海市静安区社会组织评估工作的特色

一是评估前针对社会组织进行评估培训。上海市静安区社会组织评估工作启动前，区社会团体管理局开展了多起面向全区社会组织的培训指导活动，帮助本区社会组织了解评估政策、评估标准、评估流程等内容。2017年3月，区社会团体管理局召开了全区社会组织规范化建设评前动员会。8月7日，静安区举办"上海市社会组织评估指标（2015版）解读培训"，邀请评估专家帮助参评社会组织了解各项评估指标的要求以及评估过程的注意事项。9月，静安区社团局联合上海市社会组织评估院、静安区社会组织评估事务服务中心举办"社会组织规范化建设评估现场辅导培训"，助力参加评估的社会组织明确评估要求。

二是评估中保证评估程序的标准化与公正性。为保证评估过程的公正性，评估中"指导单位不参与评估，评估机构不指导被评单位"，避免评估机构在评估中出现不公平竞争现象。针对参评社会组织的评估工作，由业内著名专家组成专家组进行。专家组成员具备深厚的理论基础，并对社会组织的发展情况非常了解，保障评估工作高效、顺利地进行。专家组严格按照评估指标对参评社会组织提交的档案资料进行仔细审阅，召开座谈会了解实际情况，并针对发现的问题提出合理建议。

三是评估后采取具有针对性的激励措施。根据《静安区社会组织发展专项资金管理办法》，对获得3A级、4A级、5A级的社会组织，分别给予1万~8万元不同额度的奖励，对获得1A级与2A级的社会组织也有不同额度的奖励。社会组织积极参加评估，一方面能够获得社会公信力，成为承接政府购买服务的优先对象；另一方面能够获得评估奖励，部分弥补评估过程所产生的各项成本。此外，评估专家向社会组织反馈在评估工作中暴露的问题并提出相关的建议和措施，有助于社会组织自我完善。

3. 上海市静安区社会组织评估工作的成效

一是以评促管，加强社会组织的监督与管理。社会组织参加评估，一方面能够通过对评估主体提交的评估材料的具体分析，了解本区社会组织发展存在的共性问题，有助于管理部门制订下一步的管理措施；另一方面对参加

评估的社会组织进行不同等级评估，并向社会公众公布年度评估结果，有利于促进公众对社会组织的监督，在一定程度上弥补政府监督存在的局限性，推动社会组织的进一步发展。

二是以评促进，推动社会组织的自律发展。社会组织自愿参与等级评估有利于增强社会组织的发展能力。社会组织评估等级公布后，获评等级较高的社会组织能够获得较高的社会公信力，同时由于维持评估等级的需要，会更加注重组织内部治理结构的发展完善；获评等级不高的社会组织，会根据本次评估中所暴露出的问题采取有效的措施进行改进，提升自身的发展水平，为下一季度评估等级的提升夯实基础。社会组织通过参与年度评估促进自身的发展，是开展社会组织评估工作的一个重要目的。

目前静安区社会组织评估指标中，部分考核指标的所占分值较低或考核指标难以有效衡量等问题影响着社会组织评估的效果，需要采取措施进一步优化，形成更加合理的评估机制。

参考文献

潘旦、向德彩，2013，《社会组织第三方评估机制建设研究》，《华东理工大学学报》（社会科学版）第1期。

石国亮、廖鸿，2012，《社会组织党建的现状、难题与对策——基于一项全国性调查的深入分析》，《长白学刊》第3期。

项显生，2015，《我国政府购买公共服务边界问题研究》，《中国行政管理》第6期。

徐家良，2016，《政府购买社会组织公共服务制度化建设若干问题研究》，《国家行政学院学报》第1期。

B.7
浙江省社会组织评估分析

摘　要： 2017 年度浙江省48 家省级社会组织参与评估，杭州市和慈溪市市级社会组织参评数量分别为 119 家和 120 家，杭州市余杭区 14 家社会组织参与评估。本篇报告主要从评估工作基本情况、评估工作的特色和评估工作的成效三个方面，对浙江省省级社会组织、杭州市与慈溪市社会组织、余杭区社会组织的评估进行分析，总结不同层级上社会组织评估工作取得的成效与存在的不足。从整体上看，浙江省省级社会组织、市级社会组织和区级社会组织的评估工作都取得了一定的成效，社会组织的规范化建设进一步加强，但也存在一些问题与不足，有待进一步完善。

关键词： 社会组织评估　评估特色　规范建设　评估指标

一　浙江省省级社会组织评估分析

（一）浙江省省级社会组织评估的基本情况

浙江省省级社会组织的评估工作由浙江省社会组织服务中心委托浙江智普信用评估有限公司开展。整个评估工作于 2018 年 1 月 17 日完成，共 48 家社会组织参与评估，其中社会团体 33 家，基金会 10 家，民办非企业单位 5 家，社会团体占比最高，为 69% （见图 1）。

参与评估的 48 家省级社会组织中，获评 5A 级的省级社会组织 31 家，

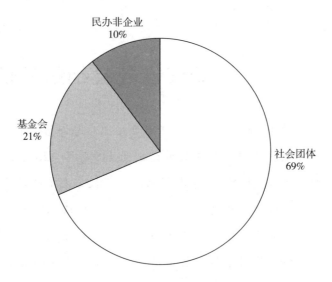

图 1　2017 年度浙江省参加评估的省级社会组织分类占比

资料来源：根据 2017 年度浙江省级社会组织评估资料绘制。

4A 级 13 家，3A 级 4 家，3A 级以下无。从评估等级数据上看，2017 年度浙江省省级社会组织的评估等级较高，都达到 3A 及以上，其中 5A 级占比最大，为 64.6%，详见图 2。

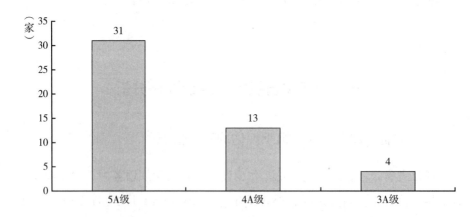

图 2　2017 年度浙江省省级社会组织评估等级分布

资料来源：根据 2017 年度浙江省社会组织评估资料绘制。

（二）浙江省省级社会组织评估工作的特色

1. 委托专业的第三方评估机构

浙江省省级社会组织的评估工作由浙江省社会组织服务中心委托浙江智普信用评估有限公司进行。该公司作为第三方评估主体已经连续5年承担浙江省社会组织的评估工作。浙江智普信用评估有限公司是浙江省内规模最大、最具影响力的信用服务机构之一，具有工程招投标、政府采购、融资信贷信用评估等多项资质。公司主营信用评级、信用咨询与管理以及相关信用评价系统的设计、开发等业务。委托具有专业评估经验的第三方机构作为评估主体能够提高评估工作的公平性与高效性，增强评估公信力。

2. 制定严格的操作流程

浙江智普信用评估有限公司根据《浙江省社会组织评估工作规程》的规定，制订了严格的评估程序。评估前根据区域与参评社会组织的性质特点，设立6个调查小组负责联系社会组织并开展全程服务。各调查小组根据分工对各自负责的社会组织申报材料进行预审，检查各参评社会组织的申报材料是否完整并记录预审中存在的问题。预审完成后，各调查小组根据评估材料中反映的问题与预审的情况制订访谈提纲和访谈计划。根据评估标准要求，调查小组对参评社会组织开展征信调查并进行实地调查。前期调查结束后，评估公司整理评估结果并在内部进行"三级审核"，保证评估结果的公正、准确。评估结果复核后，将初评结果反馈给参评单位，减少评估争议。

3. 确保评估工作的公平与公正

评估工作的公平与公正是社会组织评估最基础的原则，为保证此次评估工作的准确性，评估公司在开展实地调研活动收集资料的基础上，结合参加评估社会组织的申报材料，严格按照评估标准进行评估，保证评估结果的公正性。初评结果出台后，评估公司内部进行评估结果的审核，从调查小组成员到项目负责人再到公司评级总监都要对评估结果逐层进行复核，保证评估

结果的准确。经复核的初评结果及时地反馈给参评社会组织，保证评估结果的全面、客观、透明。

（三）浙江省省级社会组织评估工作的成效

一是社会组织获得的评估等级较高。2017年度评估数据显示，参加评估的48家社会组织都获得了3A及以上的评估等级，其中5A级31家，占比高达64.6%；4A级13家，占比27.1%；3A级仅有4家。此次参评的社会组织中，首次参与评估的社会组织40家，8家为复评的社会组织。复评的8家单位中，3家社会组织等级由4A上升到了5A，其余5家社会组织，5A级评估等级保持不变。从评估等级上看，浙江省省级社会组织评估工作成效较好，在一定程度上实现了"以评估促发展"的政策目标。

二是社会组织党建工作得到加强。《关于加强社会组织党的建设工作的意见（试行）》出台后，社会组织评估指标中加大了党建工作的评分力度。2017年度参加评估的48家社会组织中，除少数8家社会组织外（占比17%），83%的参加评估的社会组织建立了独立的党组织或实行党员联建，相比过去，党组织的建设工作得到有效加强。社会组织党建工作的加强保证了社会组织发展的正确方向，是促进社会组织健康发展的根本保证。

在浙江省省级社会组织评估过程中发现，部分评估指标不符合现实中社会组织的发展情况，如部分行业协会商会开展的业务活动与其评估指标的匹配度较低，组织开展的活动不能够反映到评估分数中，影响社会组织的评估等级，社会组织的评估指标需要进一步完善。

二 浙江省市级社会组织评估分析

浙江省共11个市，下面选择省会城市杭州市和宁波市的县级市慈溪市进行浙江省市级层面的社会组织评估结果分析，从中可以看出社会组织评估工作在省会城市和县级市的具体情况。

（一）杭州市社会组织评估分析

1. 杭州市社会组织评估工作的基本情况

根据民政部《社会组织评估管理办法》和《杭州市民政局关于开展2017年度社会组织等级评估工作的通知》的相关管理要求，杭州市社会组织评估工作由各区自主开展本区域的社会组织评估工作，杭州市本级社会组织评估工作由杭州市民政局委托余杭区社会组织服务中心进行评估。

2017年度，杭州市共119家社会组织参与等级评估，其中获评5A级的社会组织26家，4A级47家，3A级46家。从各评估等级社会组织数量占比上看，4A级占比最高，为39.5%；3A级居第二位，为38.7%；5A级占比少于4A级和3A级，仅为21.8%。各等级社会组织占比详情见图3。

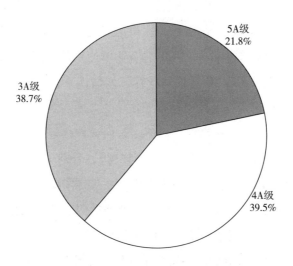

图3　2017年杭州市参评社会组织各等级占比

资料来源：根据2017年杭州市社会组织评估资料绘制。

通过评估数据发现，评估等级为5A级的社会组织中，社会团体和民办非企业单位的所占比例相等；4A级和3A级中，民办非企业单位的数量占比要明显高于社会团体。3A级中民办非企业单位的占比更高，为73.91%。

仅从获得评估等级的社会组织数量看，民办非企业单位的发展比社会团体更好。详见表1。

表1　杭州市不同评估等级的社会组织内部分类占比

评估等级	5A 级		4A 级		3A 级	
分类	社会团体	民办非企业单位	社会团体	民办非企业单位	社会团体	民办非企业单位
数量	13 家	13 家	18 家	29 家	12 家	34 家
占比	50%	50%	38.3%	61.7%	26.09%	73.91%

资料来源：根据2017年杭州市社会组织评估资料编制。

2. 杭州市社会组织评估工作的特色

一是优化评估指标，构建指标体系。2017年度杭州市社会组织评估工作相比于2016年度，采用了更加完善的评估指标。杭州市民政局依据本地区社会组织的发展情况，制定了《杭州市社会组织规范化建设评估指标(2017年版)》，覆盖社会团体、民办非企业单位、基金会、备案类社区社会组织四类社会组织，包含10个评估指标，评估体系较为完善，针对不同类社会组织开展分类评定，有助于增强评估工作效率。[①]

二是规范评估流程，提高评估效率。为保证评估过程的规范性，杭州市民政局制定了《杭州市社会组织评估工作规程》，分别从评估机构管理、评估资格、评估资料、评估流程、评估规则等方面规定了具体的实施要求，健全社会组织等级评估工作程序。杭州市各区严格按照规范化流程的相关要求开展评估工作，减少因不规范化操作造成的评估错误，增强评估结果的公信力。

三是充分运用评估结果，增强参评意愿。杭州市民政局将社会组织等级

---

① 十个指标文件分别为：《杭州市行业协会商会规范化建设评估指标》、《杭州市联合类、专业类社会团体规范化建设评估指标》、《杭州市学术类社会团体规范化建设评估指标》、《杭州市公益类社会团体规范化建设评估指标》、《杭州市综合类民办非企业单位规范化建设评估指标》、《杭州市教育类民办非企业单位规范化建设评估指标》、《杭州市机构养老类民办非企业单位规范化建设评估指标》、《杭州市医疗类民办非企业单位规范化建设评估指标》、《杭州市基金会规范化建设评估指标》、《杭州市备案类社区社会组织评估指标》。

评估与社会组织承接政府转移职能和政府购买服务推荐性目录编制、公益创投、政府购买服务、品牌认定等实务工作相结合，加强评估结果的使用。同时，杭州市在开展一年一度的社会组织公益嘉年华活动中，将公布本年度社会组织等级评估结果作为其中一个环节，借助大型活动的平台，扩大社会组织等级评估的社会影响力，让社会组织等级评估工作在公众监督下更具透明性和公正性。

3. 杭州市社会组织评估工作的成效

2006～2017 年度，杭州市社会组织等级评估工作不断向前发展。首先，社会组织的参评积极性不断提高；其次，评估指标和评估模式得到不断的修正和完善，实现评估具体指标与社会组织发展实际相结合；最后，杭州市加强社会组织等级评估结果运用，将等级次序作为社会组织承接购买服务的一项重要标准。通过社会组织等级评估，能够加强政府部门对社会组织的管理和监督，将社会组织评估等级进行公示，接受公众监督，有助于提高社会组织的公信力，促进社会组织自身的规范发展。

对 2017 年度杭州市参评的社会组织评估材料进行分析发现，社会组织中专职工作人员的数量较少，多数为兼职人员，缺乏对工作人员的能力培养，导致社会组织运作的专业化程度不高。此外，参评的社会组织所开展的业务活动相对单一，仅为章程中登记的组织业务活动范围的少数部分，社会组织并未完全发挥出应有的功能，影响了组织自身发展。

（二）慈溪市社会组织评估分析

1. 慈溪市社会组织评估基本情况

2017 年 10 月 25 日，慈溪市民政局下发《关于开展 2017 年度社会组织评估工作的通知》，评估工作正式开始。社会组织评估遵循严格的评估流程，首先由社会组织自愿申报参与等级评估并提交评估材料，再由第三方机构根据评估资料和实地考察结果给出评估等级意见，报送评估委员会进行审核，最后向全社会公示经过评估委员会审核通过的参评社会组织的评估等级，接受社会公众监督。

2017 年度慈溪市共 120 家社会组织参与等级评估，119 家获得评估等级，其中获评 5A 级的社会组织共 7 家，4A 级 20 家，3A 级 47 家，2A 级 25 家，1A 级 20 家，评估等级占比见图 4。

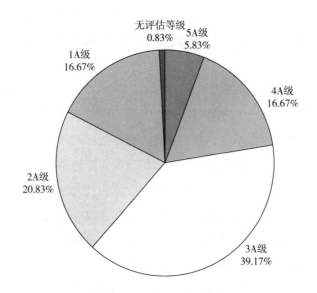

图 4　2017 年度慈溪市社会组织评估等级占比

资料来源：根据 2017 年度慈溪市社会组织评估资料绘制。

从图 4 可以看出，获评 3A 级的社会组织数量最多，占比为 39.17%，2A 级占比 20.83%，居第二位。5A 级和 4A 级占比不高，分别为 5.83% 和 16.67%。从评估等级上看，慈溪市本年度参评社会组织获评 4A 及以上评估等级的数量较少，需要进一步加强社会组织的规范化发展。

2. 慈溪市社会组织评估工作的特色

一是做好评估前准备工作。慈溪市民政局为做好 2017 年度社会组织评估工作，做了如下几个方面的准备：第一，确定了评估对象，根据浙江省、宁波市关于参评社会组织数量应不少于等级数量 10% 的要求，确定本年度社会组织评估数量。第二，完善评估标准，在民政部和省民政厅相关社会组织评估标准的基础上，结合慈溪市实际情况，对四类社会团体（行业性、学术性、联合性、专业性）和民办非企业单位的评估指标进行完善，提高评估指标的适用性。第三，成立评估委员会和评估专家组。根据《慈溪市社会组织评估暂行办法》，组建由分管领导任组长、登记管理机关、业务主管单位、科研机构和社会组织代表组成的评估委员会。此外，组建了包含政府人员、社会组织代表、科研机构代表、会计师事务所和律师事务所专业人士的评估专家组。第四，委托第三方评估机构进行评估，做好评估动员工作。慈溪市通过公开招标形式确定由宁波天恒信息咨询公司开展本年度评估工作，并多次召开评估工作动员会和培训会议，提高社会组织参评意愿。

二是分阶段性实施评估。在确定了评估的人员、机构、标准后，慈溪市社会组织评估工作由准备阶段转入实地考察评估阶段。第三方评估机构组织评估专家在认真分析申报材料的基础上，开展针对参评社会组织的实地考察评估工作，分组展开对参评社会组织基础条件、内部治理、工作绩效和财务管理的重点检查。评估结束后，专家组给出评估意见并与参评单位交换意见，帮助其改进评估中发现的问题。实地考察评估阶段结束后转入综合汇总阶段，将实地考察评估得分与社会评价得分进行汇总，给出具体分数并确定评估等级。最后为评估委员会审定和公示公告阶段，将经过评估委员会审议的社会组织评估等级在相关网站上进行公示。慈溪市分阶段开展评估工作，保证评估操作流程的规范性，有助于提高评估结果的公信力。

3. 慈溪市社会组织评估工作的成效

一是推动了社会组织的规范化建设与发展。开展社会组织等级评估工作，一方面可以帮助政府部门（登记管理机关与业务主管单位）了解社会组织的发展情况，制订更有针对性的社会组织管理措施，加强社会组织的规范化管理；另一方面社会组织通过参与等级评估，借助评估机构的专业力量发现组织发展中存在的问题，结合评估专家提的建议，提高组织的发展水平。

二是提高了社会组织的社会公信力。社会组织通过参与等级评估，对照评估标准进行评分评级并进行社会公示，可以帮助社会组织获得政府管理部

门和社会公众的信任，提高社会组织的社会公信力。一方面通过评估，政府能够全方位了解社会组织的发展状况，有针对性地选择职能转移承接对象；另一方面，在社会公众缺少对社会组织的深入了解时，政府公示的社会组织评估等级是社会公众判断社会组织是否可信的标准之一，可帮助社会组织获得更多的社会资源，推动组织发展建设。

2017年度，慈溪市社会组织评估由于缺乏必要的激励措施，社会组织的参评积极性不高，需要加强评估等级与政府职能转移、购买服务和资金扶持上的联系，调动社会组织参加评估的积极性。此外，慈溪市需要在实际操作过程进一步完善五大类评估指标体系，增强指标的适用性。

（三）浙江省区级社会组织评估分析

杭州市共10个区，余杭区是杭州市最早开展社会组织等级评估工作的地区，下面就杭州市余杭区进行区级层面的社会组织评估分析。

1. 余杭区社会组织评估基本情况

余杭区社会组织评估工作由余杭区民政局通过公开招投标的方式选择浙江禾晨信用管理有限公司开展2017年度申报3A级（含）以上并通过初审的社会组织评估工作。①

经统计，2017年度余杭区共14家社会组织申报3A及以上等级，其中社会团体5家，民办非企业单位9家。14家参评的社会组织中，获评5A级的社会组织有2家，4A级2家，3A级10家。获评3A级的社会组织数量占比与5A级和4A级相比，占比较大，为71.4%。5A级和4A级占比一致，为14.3%，见图5。

14家参评社会组织中，社会团体5家，占比35.7%；民办非企业单位9家，占比64.3%。民办非企业单位参评的数量相比社会团体较多。5A级和4A级社会组织中，社会团体和民办非企业单位皆各有1家；3A级社会组织中，社会团体1家，民办非企业单位7家。总体看来，民办非企业单位参

---

① 申报3A级以下的，由本区民政部门与相关部门进行评估。

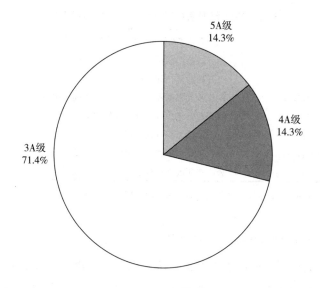

图5 2017年余杭区社会组织评估等级占比

资料来源：根据2017年杭州市余杭区社会组织评估资料绘制。

与评估的数量多，但获得的评估等级不高。

2. 余杭区社会组织评估工作的特色

一是公开招标选择评估主体。为提高评估效率，余杭区政府积极引入第三方机构参与社会组织评估工作。根据余杭区社会组织的发展现状，将参加评估的社会组织分为两个层级，分开进行评估。一方面申报3A级以下的参评社会组织，由民政部门组织相关部门进行评估；另一方面申报3A及以上等级的参加评估社会组织，在通过初审后由公开招标选择的第三方评估机构进行等级评估。"分层评估"有利于高效利用政府资源，提高评估工作的整体效率。

二是严格执行评估工作计划。余杭区社会组织评估工作自4月开始，10月底结束，历时7个月，共完成14家社会组织的等级评估工作。评估程序安排合理，第三方评估主体执行高效，保障了评估结果的公平与公正，余杭区社会组织评估时间详见表2。

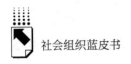

表 2　2017 年度余杭区社会组织评估时间安排

2017 年 4 月	发布开展本年度社会组织等级评估的通知
2017 年 4 月至 5 月 25 日	参评社会组织报名并提交评估材料
2017 年 8 月初	公开招标选择评估机构
2017 年 8 月 11 日至 9 月 15 日	浙江禾晨根据评估指标进行实地调查访谈
2017 年 9 月 27 日	召开社会组织等级评估复核委员会会议
2017 年 9 月 29 日	召开社会组织等级评审会议
2017 年 10 月 21 日~27 日	公示拟定的参评社会组织评估等级
2017 年 10 月 30 日	公告本年度参评社会组织评估等级

资料来源：根据 2017 年杭州市余杭区的社会组织评估资料编制。

3. 余杭区社会组织评估工作的成效

余杭区通过开展社会组织评估工作，积极将本地区社会组织引入规范建设和良性发展的轨道，增强社会组织的发展活力。在 2017 年度社会组织评估过程中，余杭区的参评社会组织相较于上一年度具有明显进步，各参评社会组织对国家的政策制度与社会发展需求的认识更加深刻，自我发展意识更加强烈。同时余杭区还通过社会组织孵化和社会组织公益创投等形式，积极促进社会组织的培育和可持续发展，增强社会组织参与等级评估的信心。

2017 年度余杭区社会组织评估中发现部分参评组织的财务资产管理缺少规范性，在实际操作过程中存在问题，一方面受社会组织自身能力的影响，缺少专业的财务管理经验；另一方面也与社会组织在过去财务实践中形成的行为倾向相关。在社会组织的业务活动和人力资源上，多数参评社会组织业务活动相对单一，缺少专业的运营管理人才，人员年龄结构偏老龄化，影响社会组织创新发展的能力和承接政府部门的职能转移的能力。

参考文献

李静，2018，《社会组织推动经济社会发展的创新策略》，《人民论坛》第 25 期。

刘涛，2016，《论社会组织结构体系下的党建科学化、规范化研究》，《法制与社会》

第 16 期。

　　罗敏闻、刘玉照，2015，《社会组织发展与国家权力的运作——基于上海市 XJY 的实证研究》，《中国第三部门研究》第 2 期。

　　吴磊、李钰，2018，《理解非营利组织：双重维度与平衡之道——从弗姆金出发》，《中国第三部门研究》第 1 期。

　　谢菊、马庆钰，2015，《中国社会组织发展历程回顾》，《云南行政学院学报》第 1 期。

　　周航、赵连章，2011，《社会组织发展与社会管理创新》，《东北师大学报》（哲学社会科学版）第 6 期。

B.8
深圳市社会组织评估分析

摘　要：　2017 年度深圳市共 90 家市级社会组织参与等级评估，获评
5A 级的社会组织 35 家，4A 级 25 家，3A 级 23 家，2A 级 5
家。本篇报告通过对深圳市市级社会组织评估工作的基本情
况、评估工作的特色和评估工作的成效进行分析，总结深圳
市社会组织评估工作的特色经验与存在的不足。根据评估资
料分析，2017 年度深圳市市级社会组织评估取得了一定的成
绩，参评的数量有所增多，复评的社会组织获得的评估等级
较高，但也存在一些不足需要改进。

关键词：　社会组织评估　市级社会组织　评估标准　规范建设

一　深圳市市级社会组织评估的基本情况

2017 年度深圳市市级社会组织评估工作由深圳市社会组织总会负责具体
执行。由于深圳市 2016 年度并未正式开展社会组织评估工作，所以 2017 年度
的社会组织评估工作面临新情况。2017 年度共 90 家市级社会组织参与评估，
其中社会团体 71 家（行业协会 27 家）、社会服务机构 16 家、基金会 3 家。参
评社会组织中社会团体的数量较多，基金会数量较少，具体对比见图 1。

90 家参评的社会组织中，获评 5A 级的社会组织 35 家，4A 级 25 家，
3A 级 23 家，2A 级 5 家。从数量上看，5A 级数量最多，占比最大，表现出
深圳市社会组织的发展较好，详见图 2。

由于深圳市未开展 2016 年度社会组织评估工作，从 2015 年度与 2017 年

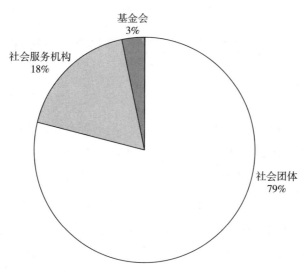

图1 深圳市2017年度参加评估的市级社会组织数量占比

资料来源：根据深圳市2017年度社会组织评估资料绘制。

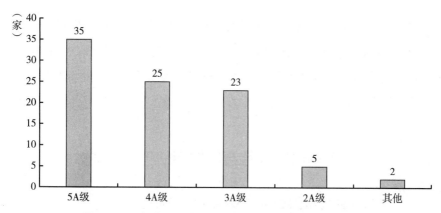

图2 2017年度深圳市市级社会组织评估等级分布情况

资料来源：根据2017年度深圳市社会组织评估内部资料绘制。

度社会组织评估数据对比分析发现，参评数量有所上升。2015年度获得评估等级的社会组织仅37家，2017年度为90家，社会组织的参评意愿有所上升。在5A级社会组织数量上，2015年度5A级12家，2017年度5A级35家，数量增幅较大。

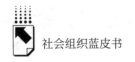
二 深圳市市级社会组织评估工作的特色

（一）采用新的评估标准

深圳市市级社会组织评估工作中加入了新的补充性评估标准，在民政部颁布的《社会组织评估管理办法》（民政部令第39号）和深圳市颁布的《深圳市社会组织评估管理办法（试行）》（〔深民函2011〕926号）的基础上，使用深圳市社会组织管理局和深圳市社会组织总会于2015年共同起草的《深圳市社会组织评估指南》（于2017年7月13日公布，8月1日正式生效），该指南作为社会组织评估的地方标准，与深圳市的社会组织发展相适应，提高了社会组织评估效率。

（二）设置新机构

2017年度深圳市市级社会组织的评估工作实行"政社分开、管评分离"。由深圳市社会组织管理局和深圳市社会组织总会联合成立"市级社会组织评估委员会"和"市级社会组织评估复核委员会"。委员会人选由深圳市社会组织总会推荐，由市社会组织管理局审核。

三 深圳市市级社会组织评估工作的成效

（一）参评社会组织数量与发展水平有所提升

通过2015年度与2017年度参加评估的市级社会组织评估数据的对比发现，社会组织的参评数量和参评意愿有所增强。2017年度获得初评结果的社会组织数量为90家，2015年度只有37家。尽管受到2016年度未开展社会组织评估工作的影响，但从2015年度与2017年度之间的数量差距可以看出参评数量的增长趋势。从获得不同评估等级的参评社会组织数量看，2017年度初评等级结果为3A级以上的社会组织为83家，2015年度3A级以上的社会组织只有 25 家。2017 年度 2A 级以下的社会组织只有 7 家，2015 年度 2A 级及以下等级的社会组织为 12 家。总体看来，2017 年度深圳市市级社会组织参评数量增幅较大，发展水平有所提升。

（二）复评社会组织获评等级较高

2017 年度深圳市市级社会组织评估中，5A 级社会组织 35 家，其中 13 家为参加复评的社会组织，13 家复评为 5A 级的社会组织中，5 家复评社会组织评估等级不变，6 家社会组织复评等级由 4A 级上升为 5A 级，2 家 3A 级社会组织复评等级为 5A 级。通过资料对比发现，2015 年度已参加评估的部分社会组织在 2017 年度参加复评时表现较好，获得的评估等级较高，反映出社会组织对等级评估工作的重视。

社会组织评估工作是政府管理部门促进社会组织规范发展的重要举措，但是在评估的实际过程中，部分社会组织对评估工作不重视。一方面，在评估准备上，对评估工作认识不到位，评估申报材料准备不规范，参加相关社会组织评估培训的积极性不高，影响评估工作的顺利进行；另一方面，在评估过程中，因评估前期的准备不足，部分社会组织存在中途退评的情况，对社会组织评估工作造成一些负面影响。

参考文献

蓝煜昕，2012，《社会组织管理体制：地方政府的创新实践》，《中国行政管理》第 3 期。

马庆钰、贾西津，2015，《中国社会组织的发展方向与未来趋势》，《国家行政学院学报》第 4 期。

案例篇

Case Studies

B.9
中国农学会

摘　要： 中国农学会立足"三农"事业发展需求，积极开展学术交流，促进学科和产业发展；发挥第三方优势，打造科技评价评估品牌；深入推进科学普及，服务农民科学素质提升；推进科技精准扶贫，助力打赢脱贫攻坚战。同时，不断提升服务农业科技工作者、服务党和政府科学决策的能力，加强人才培养与举荐，促进农业农村人才成长，为推进农业农村现代化建设做出了重要贡献。

关键词： 科技创新　评价评估品牌　科技精准扶贫　高端引领　中国农学会

一　基本情况

中国农学会是我国历史悠久、影响广泛的综合性科技社团，业务主管单位为中国科学技术协会。1895 年，孙中山先生在广州首创农学会。1917 年，一批最早留学回国的农学家成立了中华农学会。1951 年经内务部核准备案，在中华农学会、延安中国农学会等的基础上组建新的中国农学会。学会立足"三农"事业发展需求，不断提升服务农业科技工作者、服务党和政府科学决策的能力，为推进农业农村现代化建设做出了重要贡献。经全国性社会组织评估委员会终评，中国农学会获得 2017 年度评估5A 级。

学会组织体系、规章制度健全，法定代表人产生程序、章程制定修订核准、登记备案、会议纪要规范。制度建设方面，学会制订"十三五"规划、年度工作报告详尽，有完善的财务管理制度、收支管理制度、印章管理制度、档案管理制度，制度执行情况良好，审批手续齐全，用印登记详细。组织机构建设、队伍建设方面，学会下设 34 个分支机构，指导全国 31 个省级农学会，形成资源共享、优势互补、协作高效的学会网络体系；学会秘书长以上负责人 12 名，无超龄情况；办事机构实现职业化管理，有专职工作人员 78 名，其中本科及以上学历 72 名，占比 91%，副高级职称以上占比 41%，整体素质较高。

学会注重党的领导和党的建设，2008 年成立办事机构党委，2017 年专门成立中国农学会党委和中国农学会理事会功能性党委，现有党员 55 人，开展活动丰富，具体有 2015 年的"四风"专项整治活动、"三严三实"专题教育活动，2016 年的"两学一做"部署会、组织生活会以及组织党员学习习近平同志关于"三农"问题重要论述摘编，通过各种学习活动不断强化对农业科技工作者的思想政治引领。

二 工作经验

（一）积极开展学术交流，促进学科和产业发展

举办中国农业科技论坛，该论坛已成为农业系统最具影响力的综合性学

术交流平台；连续举办23届全国葡萄学术研讨会；首次在国内举办"国际设施园艺大会"，这是国际设施园艺学术界规模最大、层次最高的会议。积极打造学术阵地，不断提升期刊质量。主办《中国农学通报》、《中国农业科学》（与中国农业科学院共同主办）、《农学学报》等9种专业期刊（包括2种英文期刊）；出版《中国公民科学素质系列读本》（合作出版）、《农村妇女科学素质提升行动科普丛书》，分别获得中国科普作家协会优秀科普作品奖（图书类）金奖、银奖；《中国农业科学》获2017年中国出版政府奖期刊奖。

（二）发挥第三方优势，打造科技评价评估品牌

近年来，学会不断完善评价机制，评价成果的数量和质量不断攀升。目前，农业领域第三方评价成果90%以上是由学会评价的，学会出具的评价报告已经成为国家奖励评审、成果转化推广、市场交易定价以及各种科研评估的重要依据。学会提交的《第二次全国县城科技工作者状况调查系列专报》获中国科协优秀决策咨询成果三等奖。

（三）深入推进科学普及，服务农民科学素质提升

2015~2016年，学会共开展28次科普活动；连续承办全国农民科学素质网络知识竞赛；聚焦转基因问题，承办了"科学家与媒体面对面活动"和人民网、新华网"专家在线访谈"相关节目；创办"三农科学传播"微信公众号，向目标人群推送强农惠农富农政策、农村致富新技术和健康生活新知识，实现科普工作由"大水漫灌"向"精准滴灌"方式转变。

（四）推进科技精准扶贫，助力打赢脱贫攻坚战

2015~2016年开展捐赠活动3项，包括"向贫苦母亲献爱心"、"百万家庭亲情一线牵"等；开展科普扶贫活动3项，包括举办扶贫培训班、定点扶贫、科技文化"三下乡"等；开展援疆援藏活动各一次，包括捐赠书

籍、向学校赠送学习用具、循环农业科普活动等；开展农业环境保护活动 3 次，每年至少举办一期"农业外来生物入侵防治"现场活动，以及农业面源污染防治环保调研和绿色生态农业发展等。

三 特色工作

（一）做好研究咨询，服务政府决策

一是用好《农业科学家建议》平台，积极向党和政府建言献策。多项建议获得领导批示，主要措施被相关部门采纳，部分建议内容被列入国家发展规划。二是开展重大课题研究与规划编制。承担多项国家课题，参与起草农业部"十三五"农业科技发展规划，参与起草《农业部、教育部关于深入推进高等院校和农业科研单位开展农业技术推广服务的意见》、《涉农国际组织人才推送中长期规划》等多项规划，参与《种子法》、《农民专业合作社法》修订等。

（二）坚持高端引领，促进农业科技创新与推广

创办中国现代农业发展论坛，培育了棉花产业、葡萄产业等 20 多个专业学术交流品牌；设立神农中华农业科技奖，这是农业行业最具影响力和权威性的综合科技成果奖；学会是中国科学技术协会具有国家奖成果直推资格的农口学会，累计推荐候选成果 28 项，获奖率高达 46.4%；打造第三方评价品牌，助推科技成果转化应用；学会是科技部认定的首批成果评价试点单位，推荐的候选成果 80% 获得了省部级科技奖，出具的评价报告已成为国家奖励评审、市场交易定价等重要依据。

（三）加强人才培养，促进农业农村领域人才成长

组织开展"两院"院士等评选推荐工作，承担国务院特殊津贴专家、全国优秀科技工作者等 10 余项人才举荐工作；开展国内外专业化特色化培训，促进农业科技人才知识更新；举办特色科普活动，提升农民科学素质。

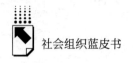
开展青年人才托举工程、杰出青年农业科学家资助项目和全国杰出农村实用人才项目；举荐青年人才，包括推荐第十二届青年女科学家候选人、"未来女科学家计划"、国家"万人计划"青年拔尖人才等；举办青年学术会议，如青年科学家论坛等。

参考文献

习近平，2018，《习近平致中国农学会成立 100 周年的贺信》，《中国产经》第 1 期。

中国农学会，2018，《中国农学会组织九院士评价我国新农药创制重大成果》，《今日农药》2018 年第6 期。

贺岚，2017，《广西农学会携手中国农学会开展全国科普日活动》，《广西农学报》第 5 期。

B.10
中国文艺理论学会

摘　要： 近年来，中国文艺理论学会立足于文艺理论研究，积极参与政府决策咨询研究以及学术科普、社会公益等活动，以"论坛"、"品牌"聚焦人才培养，以国际会议为载体稳步推进国际交流与合作；学会会刊《文艺理论研究》（与华东师范大学联合主办）享有极高的社会声誉，新媒体建设成果显著。

关键词： 《文艺理论研究》　新媒体　论坛　品牌　中国文艺理论学会

一　基本情况

中国文艺理论学会创立于 1979 年，原名高等学校文艺理论研究会，业务主管单位为教育部，会址设在华东师范大学中文系，会刊为《文艺理论研究》。学会致力文艺理论研究，会聚了国内绝大多数相关领域的专家学者，活动丰富，效果显著。经全国性社会组织评估委员会终评，中国文艺理论学会获得 2017 年度评估 3A 级。

学会各项规章制度比较健全，执行《民间非营利组织会计制度》，会计核算实行电算化，使用的财务软件符合《民间非营利组织会计制度》的要求。组织建设方面，能够按时召开会员大会，理事会按期换届，理事会、常务理事会召开会议次数符合章程规定。在队伍建设方面，有秘书长按章程选举产生，有秘书长以上负责人 23 名，现有工作人员 5 人，其中专职工作人员 1 人，工作人员素质较高。

二 工作经验

(一)以学术会议为平台,引领学术研究方向,促进学会研究全面发展

一是每两年召开一次中国文艺理论学会年会暨主题学术研讨会。已召开过 13 届年会,每次参会近 200 人,包括有较高学术影响力的人员(长江学者、一级教授、国务院津贴获得者等),年会成为专业学术盛会,在全国范围内具有广泛的代表性,有会议论文集。二是每年至少召开一次学会理事会暨专题学术研讨会。2015 年 11 月,中国文艺理论学会理事会暨"文艺学学科反思的回顾与前瞻"学术研讨会在华东师范大学召开,来自全国多所高校及科研机构的近 70 位专家、学者参加了本次会议,会议会集了中国文艺理论学界的重要学者。三是每年至少举办一次学会品牌活动,如青年论坛、博士生论坛,为青年学者、博士生提供了良好的沟通交流平台。2015 年 11 月,中国文艺理论学会第五届青年论坛暨"批判性阅读西方当代最新文论"学术研讨会在云南大学召开,多位来自知名高校和科研一线的青年学者与会。2016 年 12 月,中国文艺理论学会第六届青年论坛暨"当代中国文化批评的可能性"学术研讨会在广州华南师范大学召开。

(二)积极参与政府决策咨询研究以及学术科普、社会公益等活动

常务理事关于加强"京西古道"沿途古村落文化遗存保护工作的相关建议于 2017 年 3 月提交政协北京市委员会研究室,获得北京市委员会领导批示。

在科普方面,学会近两年开展科普活动 75 次。其中包括会长于 2016 年 7 月在福建省图书馆举办的"地域文化与散文创作"讲座,副秘书长于 2015 年

11 月在国家图书馆举办的"拒绝千城一面 追求千城皆美"讲座等。

在参与社会公益方面，学会公益活动种类较丰富，其中包括学会向华东师范大学图书馆捐赠《文艺理论研究》历期刊物，向大众开展公益学术讲座等活动。

在服务会员方面，学会有专门的会员数据库，多次开展过信息服务，对于学术会议、期刊征稿、研究前沿动态起到了及时告知、传达的作用；学会自媒体公众号特设"学者论文"及"书讯"栏目，推广和传播学会会员学术成果，促成会员信息沟通与交流。

（三）聚焦人才培养，以"论坛"育人，以"品牌"推进人才成长

一是打造青年论坛品牌活动，中国文艺理论学会青年论坛自 2012 年推出以来，已经举办了 7 届。二是推出博士生论坛品牌活动，2016 年 9 月举办首届中国文艺理论学会博士生论坛，旨在为全国文艺理论相关专业的青年博士研究生提供一个良好的学术交流平台；学会会刊《文艺理论研究》每期的青年学者和博士生等的论文刊发率在 30% 以上，为青年研究者发表学术观点、参与热点问题讨论提供了广阔平台。

（四）以国际会议为载体，稳步推进国际交流与合作

学会主办国际会议，如 2018 年举办的"五四文学百年纪念"国际学术研讨会、"比较文化研究"国际学术会议等，积极推进国际学术交流。学会会刊《文艺理论研究》与两家国际知名 A&HCI 刊物《比较文学研究》（*Comparative Literature Studies*）、《世界比较文学评论》（*Neohelicon*）签订合作协议，迈上国际化的舞台。

三 特色工作

一是会刊《文艺理论研究》享有极高的社会声誉，近年来国际化建设不断推进。学会会刊《文艺理论研究》创刊于 1980 年 6 月，是中国创立最早、

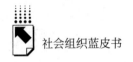

影响最大的文艺理论类专业刊物，也是国内最为重要、权威的文学研究类核心期刊，同时也是国内地位最高的民间主办文学研究类期刊，刊物以长期稳定的学术质量赢得了良好的学术声誉；2012 年入选国家社科基金百家第一批重点资助期刊；2013 年在国家社科基金资助期刊考评中荣获优秀。《文艺理论研究》成为学术期刊标准制定、学术规范、学术自律制度、专业职称评聘等的重要参考体系，是文艺理论研究界的行业标杆及全国高校职称评聘的重要参考。

2016 年 3 月，会刊申报的"《文艺理论研究》冲击国际一流学术期刊计划"入选"2016 年上海高水平高校学术期刊支持计划"，获得 A 类项目的资助。

二是新媒体建设成果显著。学会秘书处先后创建了"中国文艺理论学会"门户网站、微信公众号等，与会刊《文艺理论研究》的自媒体频道形成联动，扩大了学术讯息和成果的传播渠道，有效促进了学术交流。学会两大微信公众号的关注人数稳步上升，"中国文艺理论学会"关注人数已增至 4964 人，日新增关注率达到 233.3%；"文艺理论研究杂志"关注人数达到 10700 人，日新增关注率为 175%。自 2017 年 3 月起，学会微信平台重点推出"学者论文"栏目，发掘并推送一批优秀学者的学术精品文章，同时还与多家知名出版社合作开设"书讯"栏目，向读者推介新近出版的优秀学术书籍等，至今已推送近百期。这些活动都获得了学界的广泛好评和支持，许多学者和出版社积极给学会微信平台投稿，形成了良好的交流氛围。

参考文献

王一川，2015，《公共桌子边的文论对话——中国文艺理论学会第 12 届年会侧记》《文艺理论研究》第 3 期。

左杨，2017，《中国文艺理论建设的时代征候——中国文艺理论学会第十三届年会暨"百年中国文艺理论的回顾与反思"学术研讨会综述》，《中国社会科学院研究生院学报》第 1 期。

彭成广，2018，《中国文艺理论学会第六届青年论坛暨"学术话语新变：学术史、思想史与文学制度"学术研讨会述评》，《文艺理论研究》第 4 期。

B.11
中国通用机械工业协会

摘　要： 中国通用机械工业协会发挥自身优势，持续为政府决策建言献策，为企业提供信息服务、技术服务，指导企业探索深化改革、完善管理的新思路、新途径、新方法，积极倡导节能减排、绿色环保理念，为行业建设与行业发展做出突出贡献。

关键词： 信息服务　技术服务　建言献策　中国通用机械工业协会

一　基本情况

中国通用机械工业协会于 1989 年成立，是以泵、风机、压缩机、阀门、气体分离及液化设备、真空获得及应用设备、过滤及分离机械、减变速机、干燥设备、气体净化设备、冷却设备和能量回收装备等通用机械行业和相关配套生产企业为主，有关科研设计院所、工程公司、高等院校、社会团体和少数业界人士等自愿参加组成的大型工业行业组织。经全国性社会组织评估委员会终评，确定中国通用机械工业协会获得 2017 年度评估等级4A 级。

在基础条件方面，协会法定代表人按章程规定程序产生，章程修订及后继核准工作符合程序要求。在制度建设方面，协会制定了完善的财务管理制度，执行情况较好；协会各项支出审批手续齐全。协会执行《民间非营利组织会计制度》，会计核算实行电算化，使用的财务软件符合《民间非营利组织会计制度》的要求。档案资料整理、保管有序。在机构建设方面，协会制定了详尽的发展规划和年度工作报告。协会有会员 1500 个，其中单位会员 1491

个，个人会员 9 个。有理事 278 名、常务理事人数 93 名；理事选举产生、罢免及负责人产生采取投票表决方式。制定了详细的会员代表产生制度。理事会、常务理事会召开次数符合章程规定。设立了分支机构 13 个，制定了分支机构管理制度，能提供分支机构工作计划和总结，设定程序符合规定。在队伍建设方面，协会秘书长为专职，按章程选举产生；秘书长以上负责人 24 名，无超龄情况。有薪酬管理制度，与全体员工签订了劳动合同；按规定缴纳社会保险金、公积金；有专职工作人员 30 人，平均年龄 48 岁，工作人员本科及以上学历 26 人，工作人员素质较高，能够满足协会的业务发展需要。

二 工作经验

（一）积极开展行业信息统计和综合分析，持续为政府和企业决策提供信息服务

协会重视行业信息统计工作，不定期收集国内外行业发展动态和行业信息，《全国机械行业转型升级推进会调研报告》被中国机械工业联合会采用；《华东地区压缩机企业调研报告》等内容丰富全面，被地方政府采用；定期开展行业统计工作，统计种类多样、数据丰富，形成《中通协会员企业主要经济指标年报》、《中国通用机械工业年鉴》等，部分信息被工业和信息化部采用。

（二）围绕提高企业的市场竞争能力，组织交流、研讨企业改革与管理经验，指导企业探索深化改革、完善管理的新思路新途径

协会组织的论坛具有行业交流活动多、与会人数多、影响巨大且定期举行等特点，形成了品牌，主要有中国（上海）国际流体机械展览会、国际大型空分装备技术发展论坛、中国国际流体机械展览会、国际压缩机风机高峰论坛、中国国际阀门论坛、全国冷却设备与技术论坛等。协会参与电子阀国际标准的编制；与德国泵业协会开展中德泵产业互动交流合作；

参加捷克工业联合会，合作举办捷克"布尔诺"工业博览会、中国流体机械展览会等国际交流活动。

（三）不断探索人才、技术、职业等培训工作，开展技术服务工作与行业法律法规修订工作，为行业企业发展增砖添瓦

开展压缩机产品检测和新标准实施培训。承担工业和信息化部、中国机械工业联合会、地方政府等委托课题15项，如"无站用储气系统集成标准站装置研发项目技术咨询合同"、"安徽和县泵阀产业发展规划"等。参与新技术鉴定及推广工作，如超低温球阀产品鉴定、永磁变频两级压缩螺杆式空压机鉴定等。参与修订《中华人民共和国职业分类大典》、《国家支持发展的重大技术装备和产品目录》，参与修订《中华人民共和国招标投标法》、《中华人民共和国招标投标实施条例》等；起草编制《中国通用机械行业"十三五"发展规划》、《能源装备（通用机械）"十三五"发展规划》等。

（四）发挥协会自身优势，为政府决策建言献策

一是协会提出的建议被相关部门多次采纳，其中包括：参与财政部关于节能家电和高效节能工业产品惠民工程推广工作调研并提出意见建议，参与工信部、财政部关于重大技术装备进口税政策有关目录修订工作并提出意见建议。二是在参与制定修订行业标准、行业准入条件工作中作用突出，如参与工信部产业政策司关于《长江经济带市场准入负面清单目录（通用机械）》编制并提出意见建议，参与国标委《压缩空气第3部分：湿度测量方法》（GB/T13277.3－2015）编制工作，参与国标委《一般用固定往复活塞空气压缩机》（GB/T13279－2015）编制工作等。

（五）倡导节能减排、绿色环保理念

围绕推进行业节能减排，积极与财政部沟通，最终将泵、风机、压缩机纳入节能惠民工程；将泵、风机、压缩机、干燥设备列入《节能机电设备（产品）目录》和"能效之星"产品，将风机列入"重点节能技术"；编制

《装备制造业节能减排技术手册》、《能源行业先进节能技术装备推广目录》；提出通用机械煤电节能改造升级改造方案，等等。

三 特色工作

一是致力于重大技术装备国产化，为行业发展做出突出贡献。20 年来，协会组织协调行业国产化方案制订、设计审查、计划进度、组织鉴定和推广落地（包括推广节能减排、低碳生产）。在中国通用机械行业推进国家重大技术装备 6 个领域国产化，如关键阀门国产化率从 10% 提高到 75%、锅炉给水泵打破了国外的垄断，为我国通用机械工业的发展做出了突出贡献。

二是致力维护行业企业利益与国家利益，为行业建设与发展发挥了突出作用。制定了《行业行规行约》、《行业内争议处理规则》、《行业职业道德准则》，在会员内部发布并组织实施，促进企业提高服务质量。向商务部提出的通用机械"防守"和"进攻"产品建议已被纳入世贸组织《环境产品协定》谈判内容，向国家发改委、商务部、工信部反映国内项目招标低价中标之危害，向工业和信息化部、商务部反映国内项目招标排斥国产设备现象等。代表行业进行反倾销、反补贴和保障措施的应诉、申诉等相关工作；协助商务部关于日本神户制钢所入股无锡压缩机股份有限公司反垄断调查；提出中日韩自贸谈判重点防守产品，使其被纳入谈判清单，等。

参考文献

中国机械工业年鉴编辑委员会、中国通用机械工业协会编，2018，《中国通用机械工业年鉴 2018》，机械工业出版社。

陈冬东，1998，《中国社会团体组织大全》（第一、二卷），专利文献出版社。

B.12
中国远洋渔业协会

摘　要： 中国远洋渔业协会致力维护和扩大我国海洋渔业权益，为成员
　　　　 企业守约生产提供支持，向主管部门建言献策，推动行业管理
　　　　 进步，并发挥行业优势，开展公益活动与公共服务活动。

关键词： 保障　优势　支持　建言献策　中国远洋渔业协会

一　基本情况

中国远洋渔业协会于 2012 年成立，是从事远（海）洋渔业的企业、事业单位、社会团体、经济合作组织以及渔业工作者自愿参加的全国性远（海）洋渔业行业社会团体。经全国性社会组织评估委员会终评，确定中国远洋渔业协会获得 2017 年度评估等级 4A 级。

协会组织体系健全，法定代表人产生程序、章程制定修订核准、登记备案、会议纪要等较为规范。在制度建设方面，学会制定详尽的行业发展规划，有详尽的年度工作报告，聘用制度、档案印章管理制度、资产管理制度全面，制度执行有效。在组织机构、队伍建设方面，有单位会员 284 家、理事 91 名，理事的产生、罢免符合规定；秘书长为专职，按章程选举产生；常务理事会的召开次数、方式符合章程规定；全部负责人产生采取举手表决形式；有工作人员 23 人，均为专职，平均年龄 38 岁，工作人员本科及以上学历 22 人。在党建方面，协会始终坚持党的领导，2012 年经农业部渔业局机关党委批准建立了党支部，现有党员 11 人，近两年发展党员 5 名，党组织活动丰富，工作材料齐全，定期开展主题党日活动、民主生活会等。党员

积极发挥模范带头作用，有的党员被上级党组织评为年度优秀党务工作者，2人被评为优秀党员。

二 工作经验

（一）加强行业组织化规范化建设，提高行业自律水平，为维护和扩大我国海洋渔业权益提供行业保障

制定自律规约，在会员内部发布。相关材料能体现行业调解制度内容，包括：2016年非法捕捞作业调查、协调，2015年碰船事故调解和解协议。制定了详细的行业职业道德准则，如编制船长履约手册、2016文明作业公约、服务手册等。2017年发布黑名单，黑名单能作为企业实施行业职业道德准则、规范行业行为、维护市场秩序、社会反映较好的证明材料。多次组织开展或配合有关部门打击假冒伪劣产品，对消费者权益和社会整体利益做出较大贡献。发布《生吃金枪鱼标准》（SC/T3117－2006）、出具"金枪鱼、鱿鱼重金属含量检测报告"。

（二）聚焦行业信息统计，为成员企业守约生产提供支持

协会多次开展行业调查研究，包括非洲地区远洋渔业项目现状及未来发展的有关情况报告、关于赴缅甸进行远洋渔业项目协调调研情况的报告、关于加强远洋渔业安全生产管理的调研报告，有的调研报告得到政府部门重视或在行业内应用。定期收集国内外行业发展动态和行业信息，信息内容全面，数据丰富，包括国内远洋渔业生产信息周报、月报，在协会网站发布国外行业生产信息等，统计发布信息种类多样，如每月一次上报及发布远洋渔业项目统计及船位监测工作报告，每季度汇总一次远洋渔业补给物料，其中船位监测工作统计为国家为远洋作业渔船柴油燃料补贴提供依据，影响力大。发布行业信息制度化，主要通过网站、刊物、微信公众号，平台多样，发布及时。

（三）向主管部门建言献策，推动行业管理发展

参与编写《"十三五"全国远洋渔业发展规划》、《远洋渔业海外基地建设项目实施管理细则（试行）》等行业发展政策文件；促进争取远洋渔业国际资源利用、渔船更新、资源探捕补助等稳定可持续的远洋渔业发展扶持政策；协助配合《远洋渔业管理规定》和《远洋渔业自捕水产品运回目录》及相关管理规定的修订工作，为行业提供发展的基础保障。

（四）发挥协会平台优势，积极提供会员服务

连续开展展览会、交流会等活动，其中鱿鱼、秋刀鱼发展交流会开展了多期，每年组织行业企业参加渔博会，形成品牌。协会自成立起与两条有医疗救护条件的远洋渔船建立了长期合作关系，每年支付10万元费用，近两年提供了约600人次的医疗诊断服务。在参加展会时向参观群众发放深海鱼类知识，提供公共服务。代表本行业参与行业协调，调解内外关系，维护行业利益效果显著。如2014年9月4日关于"深港发19"在所罗门接受滞港调查事宜的报告，经农业部渔业局与外方协调解除扣押，使企业免受损失；两条浙江渔船船位监测设备工作不正常，外方认为其非法生产，协会监测信号正常，通过跟外方协调，企业未受损失等。多次向有关部门反映行业诉求，包括"关于协调解决当前远洋渔业持续稳定发展的建议"、"关于金枪鱼渔业组长会议有关情况的报告"。建立了产业损害预警机制，维护产业安全。如非洲地区远洋渔业项目生产经营总结交流会，对渔场规模调控问题提出了建议，体现出产业预警的作用。2013～2016年参与欧盟国家协查，对我国渔产品在欧盟国家上岸提供帮助，同时代表本行业参与反倾销、反补贴、反垄断和保障措施的应诉、申诉等贸易救济工作。拓展对外渔业合作，加强与相关渔业组织的合作交往。参加"促进负责任金枪鱼渔业民间组织"（OPRT），并在2016年起担任理事职务。在国际标准和规则制定中提出意见或建议。与

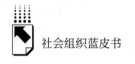

中俄等各国合作，会议和项目常态化。开展包括密克罗尼西亚入渔合作、马绍尔入渔合作等多国入渔合作。

三　特色工作

一是开展海上救助，建立并采用航位定位监控系统，及时参与多方海上救助，受到有关部委好评，在船员受伤救治、渔船故障修理等方面取得了显著成效；二是建立航位检测系统，保障会员合法合规作业，远洋渔船船位监测平台及时反映每条在远洋工作的渔船的位置，并及时提醒船只有越界危险，保障了渔船的安全，并为远洋作业渔船燃油补贴提供了依据；三是实施海洋物种保护，免费发放海龟脱钩器多套。

参考文献

孙建富，2008，《渔业概论》，西安地图出版社。

中国渔业协会编，2008，《与时俱进：中国渔业改革开放 30 年大事记》，浙江人民出版社。

刘洋、程佳琳、姜眹芃等编著，2017，《渔政与渔港监督管理》，东南大学出版社。

B.13
中国妇女发展基金会

摘　要： 近年来，中国妇女发展基金会不断创新发展，在机构治理、资金募集、项目实施、公信力建设等方面积极探索，取得了较好的成效；坚持以服务为本的理念，坚持以品牌为体、以创新为翼、以合作为道的战略，在服务妇女和家庭等方面不断做出新贡献。

关键词： 资金募集　品牌　创新　中国妇女发展基金会

一　基本情况

中国妇女发展基金会成立于1988年，隶属于全国妇联。中国妇女发展基金会的宗旨是：维护妇女权益，提高妇女素质，促进妇女和妇女事业发展，为构建和谐社会做出应有的贡献。经全国性社会组织评估委员会终评，中国妇女发展基金会获得2017年度评估5A级。

在党支部建设方面，基金会引导党员干部进一步坚定理想信念，站稳政治立场。党支部注重党组织建设，严格落实组织生活制度，坚持"三会一课"制度，严肃党的纪律，班子成员以普通党员的身份参加党小组的组织生活，有效增强党支部在基层组织建设中的战斗堡垒作用。

在评估与规划方面，组织中民社会救助研究院、北京科技大学、华北电力大学、商务部研究院等第三方研究机构对中国妇女发展基金会《中国妇女基金会五年发展战略规划（2011～2015）》开展评估，从而在评估报告基础上形成《中国妇女基金会五年发展战略规划（2016～2020）》。

在风险防控和内部制度方面，开展风险管理培训、网络安全自查以及项

目风险点梳理等工作。制定众筹管理办法，优化流程制度，确保众筹平台规范化和众筹项目筹资可持续发展。

在信息化管理和员工队伍建设方面，制定《综合信息管理平台系统数据管理办法》，加强募资、项目实施和日常管理工作规范化。完善员工考核和薪酬福利制度，实行员工关键指标考核制度，优化内部人力资源结构，形成制度化和规范化培训机制。

二　工作经验

（一）多措并举，募资额再创历史新高

2012～2017年捐赠收入及政府购买服务总额34.35亿元，保持年均22.63%的较高增长率，公益事业支出总额31.56亿元，年均支出比例为93.68%。

1. 夯实企业捐赠资源。着力巩固央企合作，尝试与大型国有企业精准扶贫结合，关爱更多妇女人群，加强对外国企业、民营企业的联系和动员力度。

2. 不断适应"互联网＋"公益的新模式，加大网络筹款力度，一方面发挥品牌项目的影响力，"母亲水窖"、"母亲健康快车"和"母亲邮包"项目通过腾讯公益和蚂蚁金服公益平台筹集资金。另一方面围绕"腾讯99公益日"活动，发动妇女群众参与，活动期间，37.5万人次参与捐赠，2015年、2016年和2017年，筹款数量实现大幅增长。

（二）深化品牌项目，扶持创新项目

1. 继续深化品牌项目

"母亲水窖"项目。水窖项目属于工程类项目，2017年，校园安全饮水项目设计开发了便捷、易安装的净水洗手一体化设备，提高了项目的建设质量和实施的效率。2012～2017年共投入资金1.75亿元，撬动政府配套资金1.78亿元，建设集中供水工程289处，集雨水窖1.15万口，"校园安全饮

水"740所,种植防护林4000亩,直接受益人数达127.3万人。

"母亲健康快车"项目。自2017年起所有投放的车辆都安装车载GPS,实现车辆使用与运行的远程数据化管理。在加强乡村医生培训的同时,建设18间乡村理疗室。2012~2017年共投放款物价值8.2亿元,其中捐赠医疗用车1347辆,"两癌救助金"9.5亿元,受益人次达3500万人次。

"母亲邮包"项目。2012年启动,项目以关爱贫困母亲为主题,通过母亲邮包的形式为贫困母亲送去生活必需品,帮助解决生活中的困难,实现了点对点、一对一的精准捐赠和帮扶。组织调研团队对新疆、云南、重庆、甘肃等地进行实地调研,了解妇联及贫困母亲对母亲邮包内品及项目实施的需求。2012~2017年,向77万个贫困母亲及家庭发放母亲邮包。

"母亲微笑行动"项目。"母亲微笑行动"前身为中国"微笑行动",是专门为贫困家庭唇腭裂及头面部畸形的患儿提供免费救助治疗的公益慈善项目。通过规范实施流程、定期项目反馈,打造透明化、规范化项目品牌。探讨与地方妇联的合作模式,发挥医生/服务人员的志愿者作用。2012~2017年,有1418名医疗志愿者、1601名社会志愿者赴西藏、新疆、贵州等地开展58场唇腭裂免费手术活动,4279名唇腭裂儿童受益。

紧急救灾。2012~2017年先后向雅安、鲁甸、尼泊尔、天津、阜宁等地震、爆炸、龙卷风灾区累计投放2.21亿元,向受灾地区发放母亲邮包等物资,在灾区承担起为受灾群众心理疏导的工作,启动备灾工作,与联合技术公司、秦皇岛天恩帐篷有限公司签订了备灾协议。

国际交流。行使联合国经社理事会咨商地位的权力,首次派团出席联合国妇女地位委员会会议。连续四年举办"女性公益可持续发展国际论坛暨女性创新艺术展"。配合国家"一带一路"倡议,首次在境外举办以"一带一路"与女性公益为主题的国际交流活动。

2. 创新公益项目,精准扶助建档立卡贫困女性

2017年,中国妇女发展基金会围绕妇女和家庭需求,创新系列公益项目。开展创业扶贫与文化非遗手工艺传承有机结合的"妈妈制造"项目,2017年,在7个省份建立17个妈妈制造合作社,实现了从项目开发、提供

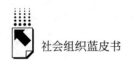

资金、培训人员、协助销售到负责传播等全产业链条的资源整合，得到腾讯、国美、唯品会、红颜会等企业的大力支持。

家族慈善信托。在2016年中国妇女发展基金会作为委托人与建信信托成功备案基金会第一单慈善信托（母亲微笑行动慈善信托）的基础上，2017年，挖掘信托公司的家族客户，利用其家族信托的部分资金或收益建立慈善信托，支持中国妇女发展基金会的公益项目。作为慈善信托中慈善项目的执行方，负责慈善项目的筛选、实施、监督。从2016年作为委托人到2017年作为项目执行人，探索家族慈善信托的新模式。

（三）发挥专家智库作用，提高服务决策水平

在理事会的倡议和推动下，成立企业家智库、专家智库、媒体智库，发挥智库专家的智力优势、理论优势和资源优势，开展战略性、前瞻性和对策性研究，为中国妇女发展基金会的发展建言献策。

三 开拓创新，不断实现新发展

近年来，中国妇女发展基金会不断创新发展，在机构治理、资金募集、项目实施、公信力建设等方面积极探索、凝聚共识，坚持以服务为本的理念，坚持以品牌为体、以创新为翼、以合作为道的战略，在服务妇女和家庭，促进妇女发展方面不断取得新成绩，做出新贡献。

（一）以品牌为体，确保机构发展的生命力

品牌是中国妇女发展基金会的核心竞争力。第一，坚持品牌战略思维，着力做好机构品牌和项目品牌的管理和建设，保持中国妇女发展基金会在公益慈善行业中的品牌领先地位。第二，以品牌项目为基础，密切结合企业社会责任战略，共同研发长期可持续的合作模式，积极服务国家脱贫攻坚等战略规划的实施。第三，结合社会发展，特别是妇女需求，不断优化和深化品牌项目。如，"母亲水窖"项目融入环保理念，从帮助解决安全用水发展到

以"水资源保护"为中心的生态环境保护。"母亲健康快车"项目融入大健康理念，丰富和拓展对妇幼健康的全方位保护。"@她创业计划"联合企业和女性组织，为女性搭建互联网、社区、家庭创业就业的支持平台。

（二）以创新为翼，运用新思维为女性公益提质增效

创新是中国妇女发展基金会保持旺盛生命力的关键。第一，不断加快信息化数字化建设步伐，打造数字化智能化基金会。开展捐赠人、志愿者、受助人等关联方基础数据的搭建和数字服务产品的设计使用，加强服务的标准化、精准化。第二，推动慈善信托落地见效，为企业和个人提供个性化的慈善信托解决方案。2016 年与国内信托资产总规模最大的建信信托合作，成功备案"母亲微笑行动慈善信托"，目前还与中融信托公司合作，并进一步挖掘信托公司家族客户，探索家族慈善信托的新模式。第三，研究经济新常态下妇女和家庭的新诉求，服务范围由以前的以省、县为单位，逐步向社区、医院、学校、家庭等单位深入，在家庭教育、家庭融合、妇女保护、社区服务等方面探索新的服务项目，进一步精准聚焦需求群体，增强了服务的可及性和可持续性。第四，积极探索公益品牌项目走出国门，服务于"一带一路"国家，为企业"走出去"优化投资环境。举办"她力量助力一带一路"中西公益研讨会；启动中非妇女发展合作，"母亲健康快车"、"母亲水窖"走出国门，在突尼斯举办刺绣培训等活动。

（三）以合作为道，实现各方价值的共享共赢

合作是中国妇女发展基金会可持续发展的保障。首先，不断发挥公益基金会在参与社会治理方面的纽带作用，协调更多企业、社会组织开展合作和互动，建立有效的公益协作机制。其次，通过加强与各级妇联组织、社会组织的深度合作，建立联合劝募中心，支持小型社会组织特别是女性公益组织发展，壮大服务妇女和家庭的社会力量。目前已与100多个社会组织建立了稳固的合作关系。最后，着力打造透明基金会，做最值得信赖的合作伙伴。始终将公信力建设摆在突出位置，严格按照慈善法等的相关要求，不断完善

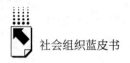
信息公开制度，信息公开实现常态化。坚持项目立项事先论证、实施过程跟踪评估、项目效果绩效评估的管理制度。常年聘请国际知名会计师事务所普华永道会计师事务所为中国妇女发展基金会做审计。每年多次组织捐赠单位、新闻媒体和社会公众到项目点进行实地考察。

参考文献

《中国扶贫开发年鉴》编委会编，2015，《中国扶贫开发年鉴2015》，团结出版社。

马海涛主编，2010，《中华慈善大典》，中共党史出版社。

顾秀莲主编，2008，《亲历妇联这十年：1998～2008》，中国妇女出版社。

B.14
中国人口福利基金会

摘　要： 中国人口福利基金会以促进社会公平正义、增进人民福祉为出发点和落脚点，积极适应人口和卫生发展新形势和新任务，找准定位，勇于担当，在自主公益品牌打造、体制机制创新、项目建设等领域取得了突破性进展。

关键词： 品牌　项目　体制机制　中国人口福利基金会

一　基本情况

中国人口福利基金会成立于 1987 年，2015 年荣获"全国先进社会组织"、"全国卫生计生系统先进集体"称号；2016 年被民政部认定为全国首批 16 家慈善组织之一；2017 年被人社部、国家卫生计生委、国家中医药管理局授予"全国卫生计生系统先进集体"称号。经全国性社会组织评估委员会终评，中国人口福利基金会获得 2017 年度评估 4A 级。

基金会规章制度健全，制定了详尽的档案管理制度、志愿者管理制度、项目财务管理制度、资产管理制度、关联方管理制度、票据使用管理制度、财务报告制度等。在组织机构方面，有理事 24 人、监事 3 人，设立了专项基金，制定了专项基金管理办法且经理事会表决通过。在队伍建设方面，现有员工 40 名，本科及以上学历 28 人，平均年龄 37 岁，年龄结构合理，专业素质较高，建立了有一定数量的志愿者队伍。建立党支部，现有党员 22人，党组织活动丰富；2015 年党支部荣获国家卫生计生委直属机关"先进基层党组织"荣誉称号。

二 工作经验

（一）积极适应人口和卫生发展新形势和新任务，找准定位，勇于担当

1. 健全制度抓长效

完善基金会《领导班子议事规则》、《人力资源管理办法》、《财务管理办法》、《重大投资管理办法》等规章制度并汇编成册。近三年，每年召开理事长办公会和秘书长办公会50次以上，保证涉及"三重一大"事项都经过集体讨论决定并上报会议纪要。明确责任抓落实，履行党风廉政建设"两个责任"，签订年度《党风廉政建设责任书》，做好明权确权和廉政风险防控工作。

2. 积极参与社会公共事务，以创建幸福家庭活动为引领的财政资金项目绩效突出

一是参与发起创建幸福家庭活动。2010年9月，第五届理事会会长王忠禹结合新时期人口计生工作转型和城乡家庭提高发展能力需求，提出以"文明、健康、优生、致富、奉献"为主题开展创建幸福家庭活动。这些年来，连年举办"'国际家庭日'中国行动"，发布创建活动理论研究成果，在全国推选100个幸福家庭，同时开展了创建活动LOGO征集、征文连载、主题宣传等活动。二是承接财政资金项目。2014年执行国家卫生计生委"新家庭计划——家庭发展能力建设"项目，全国选定72个项目点。2015年启动贫困地区留守儿童培训、干预项目。2016年"黄手环行动"公益项目被列为"中央财政支持社会组织示范项目"，推出了新一代定位黄手环，让家人可以实时查询患病老人的位置，降低了老人走失风险。

3. 发挥社会组织职能，在参与重大突发事件救灾援助中大显身手

一是明确职责，规范程序。认真总结2010年青海玉树地震、甘肃舟曲泥石流、吉林安图和湖南宁乡洪水以及2012年北京"7·21"暴雨，2013

年四川雅安"4·20"强烈地震救灾工作经验，形成自然灾害应急预案。二是多措并举，注重实效。2014 年云南鲁甸地震发生后，在官网发布倡议书并开通新浪微公益、腾讯乐捐、支付宝 E 公益等线上和线下捐赠通道，组织开展紧急救援行动。根据民政部要求，按时上报并在官网上公开接收的捐赠信息，主动接受社会各界监督。三是弘扬大爱，及时抚慰。2015 年 4 月 25 日尼泊尔发生的 8.1 级地震，波及并造成我国西藏部分地区受灾。"慈爱基金"通过网络募集善款 800 余万元，首批救灾储备帐篷很快通过国际航班运往尼泊尔灾区。

（二）坚持打造自主公益品牌，努力提高项目（基金）规模、质量和效益

秉持立会宗旨，突出系统特色，广泛动员国内外资源支持人口福利事业，做大做强自主公益品牌，积极开发设立专项基金，规范管理程序，保证优质高效，中国人口福利基金会在全社会的影响力不断增强。

1. 不断扩大和优化专项基金数量规模

一是注重规范管理。完善专项基金管理办法，加强合同、财务管理，组织培训交流，提供相互学习和借鉴的平台，提升专项基金管理人员的能力水平。二是发挥系统优势。"健康暖心"工程由国家卫计委于 2013 年 10 月发起，基金会负责组织实施。2014 年，设立"健康暖心扶贫基金"，探索出"一免三助"模式。"一免"即为困难家庭免费发放幸福小药箱，普及"中国公民健康素养 66 条"，已通过多种渠道累计募捐 1208701 元，发放小药箱 10654 个。"三助"即助患者、助医生、助机构。"助患者"，建立中国大病社会救助平台，全面对接民政部首批 13 家网络募捐平台，汇总大病救助领域有效政策 6347 条，上线大病救助项目 374 个，疾病救助范围扩展至 31 种，累计助力募款近 1100 万元。"助医生"，实施"健康暖心——云南锐珂贫困地区基层医生培训润土计划"，开展管理层培训、临床科室培训和对口支援指导，动员百余名医师志愿支援，惠及 30 个国贫县 1000 余名医疗卫生管理者。"助机构"，启动"健康暖心——基层医疗装备联心助医计划"，完

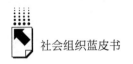

成2214家医疗机构捐赠工作，共计捐赠医疗装备1047套（台），价值19453.5万元。此外，基金会对吕梁山片区累计投入1650万元。2017年7月，分别向子洲县、绥德县卫计局捐赠50万元和100万元现金；并向子洲县人民医院提供了评估值为121.4万元的医疗设备和110万元现金，用于灾后重建和受灾群众救助以及卫计系统恢复工作。联合计划生育协会组织，加强对"生育关怀基金"的监督管理，累计支出3181.55万元。三是保证救助实效。"霁霁爱心基金"十年如一日，每年2~3次向贫困地区学校捐赠课桌椅、书包文具等用品，所捐地区遍布中国20多个省（区、市）；"慈爱基金"关注"三孤"人员救助和自然灾害应急救援。

2. "中华人口奖"遴选活动影响深远

中华人口奖创立于1993年，是一个跨部门的综合性、国家级奖项，每三年一届，主要表彰奖励为推动我国人口、卫生计生事业，统筹解决人口问题，促进人口长期均衡发展做出重要贡献的社会各界人士和国际友人。截至目前，中华人口奖共举办8届，共有99名个人和5家单位获此殊荣。反映了我国人口和卫生计生领域理论创新、体制创新、管理创新、科技创新的新经验、新成果，体现了党政领导、部门指导、各方配合、群众参与的良好工作格局，为推动全社会高度关注和统筹解决人口问题、实现"人人健康、家家幸福"工作目标发挥了积极的作用。

（三）坚持体制机制创新，积极运用现代管理手段不断提升内部治理能力和社会公信力

围绕"加快社会化、专业化、现代化、国际化进程，努力向5A级基金会迈进"的总体思路，全会上下注意把握公益市场发展趋势，转变方式，扩大交流，在社会上树立了良好的组织形象。

1. 加强内部治理，理事会领导保障和综合决策作用得到有效发挥

一是充分发挥理事会的科学决策作用。根据《中华人民共和国慈善法》、《基金会管理条例》和《中国人口福利基金会章程》规定，每年召开理事会会议，审议年度计划、工作进展和财务收支报告，提出意见建议，决

策机构建制、人事安排等重大事项。根据事业发展和工作需要，不断完善理事会管理制度，优化理事结构，壮大理事队伍，充分发挥理事在机构治理、社会筹资等方面的领导和支持作用。审定 30 余项规章制度，基金会内部治理水平大幅提升，加快专业化、社会化、现代化、国际化进程。二是不断优化部门设置和保障机制。明晰部门职责、岗位设置和人员分工，做到人事与工作相匹配、能力与责任相适应。以健全完善人力资源管理、薪酬福利等制度为保障，坚持"效率优先、兼顾公平"，充分调动和发挥部门及员工的工作积极性、创造性。三是丰富员工业余文化生活。发挥党支部和工青妇组织作用，总结"走出机关、服务基层"工作经验，开展"读讲一本书"，"七·一主题党日"，赴革命传统教育基地参观，学习十八大精神主题征文以及健步走、羽毛球、乒乓球等文体活动，倡导慈善文化，以事业留人、感情留人、待遇留人，形成一支文明向上、务实高效的公益团队。

2. 加大宣传力度，项目推介方式和展示平台日益增多

一是充分开发和利用新媒体服务功能。实施官网改版升级，重新设计基金会标识（LOGO），创立会刊——《创建幸福家庭活动通讯》，开通微博、微信宣传渠道，微网站支持"手机绑定"、"邮箱绑定"、"捐赠人专属页面"等功能，居业界前列。2014 年，基金会获评微博最具影响力公益组织称号。开通微信支付功能，实现微信、官网和联系人数据管理系统直通。2015 年，实现网络募款 940 万元。通过网络和媒体平台，及时披露捐赠款物、收支状况和项目进展信息，提高了管理透明度，增强了社会公信力。二是创新拓宽社会协同渠道。积极参加公益论坛、慈善讲座、媒体推介会等活动，加强与网络公司、各类基金会、社会组织、高校社团及草根公益组织的业务交流与项目合作，靠真诚和热情赢得各界对基金会工作的理解与关注，扩大了社会知名度和知晓度。三是不断加强与高端新闻媒体的联系沟通和项目合作。会领导曾多次接受新华社、中央电视台、北京电视台、光明日报社、新华网、公益时报社等数十家新闻单位采访。自 2012 年起，基金会与中央电视台合作推出大型新闻公益行动——"我的父亲母亲"，聚焦老龄群体，倡导慈孝文化；实施"预防老人跌倒"项目，为老旧小区的老人家庭

进行卫生间示范性改造，向社会发放防跌倒辅具包 1000 个，中央电视台对此项目进行跟踪报道和滚动宣传。

3. 注重国际交流，对外合作项目效益和影响逐步提高

联合美国微笑联盟基金会开展"幸福微笑——救助唇腭裂儿童"公益项目。6 年间，先后有来自美国、加拿大、英国、印度、中国香港等国家和地区的医疗志愿者 500 余人次参与了救助活动，提供了近 60000 个小时的志愿服务，累计提供的医疗服务总价值逾 780 万美元。与泰国人口与社区发展协会签订进一步加强交流与合作协议，接待国际计生联来访，争取更多的国际资源投入中国人口福利事业。

三 特色工作

一是拓展深化"幸福工程——救助贫困母亲行动"项目。该项目开始于 1995 年，以贫困母亲为帮扶对象，通过"小额资助，直接到人，滚动运作，劳动脱贫"的模式，为贫困母亲及家庭提供经济支持、技能培训、健康扶助，提升其综合发展能力。截至 2016 年底，已在全国 29 个省份的 736 个项目点开展过项目救助，累计投入资金 15.02 亿元，帮扶贫困母亲 32.02 万人，惠及人口 138.3 万人，脱贫率达到 85% 以上，还款率达到 90% 以上。在 2008 年民政部举办的"中华慈善奖"颁奖大会上，"幸福工程——救助贫困母亲行动"荣获"最具影响力慈善项目"。2012 年被国务院扶贫开发领导小组推选为"扶贫创新项目"。

二是持续推进"幸福书屋"系列项目。2011 年，中国人口福利基金会与美国图书馆计划（The Library Project）合作开展"幸福书屋·图书馆计划"项目，主要在我国贫困地区图书资源匮乏的小学捐建图书室、图书角以及开展乡村教师阅读培训，帮助孩子们拓宽视野、增长知识，提高阅读水平，更好地促进他们健康成长。截至 2017 年 10 月 31 日，已向全国 20 多个省份 2269 所乡村小学捐赠了 170 余万册图书、9000 余个书架、35000 余把椅子、7000 余张桌子，有 7 万余人受益。为 2000 余名教师提供了图书管理

常规培训，为 100 余名教师提供了专业的儿童阅读教育培训和日常指导。

三是积极推进"幸福微笑——救助唇腭裂儿童"项目。2002 年中国人口福利基金会和美国三家慈善机构联合发起该项目，每年与美国微笑联盟基金会、各地计划生育协会和医院合作，定期组织 3～4 次国际医疗队前往我国医疗资源不足、技术薄弱的中西部三四线城市，为唇腭裂儿童免费提供修复手术及序列治疗，为基层医护人员提供培训。此外，还定期邀请国际医疗教学小组来华分专题开展培训和现场的技术指导。资助支持唇腭裂治疗中心的发展，依托治疗中心，培养唇腭裂序列治疗的人才和团队。截至 2017 年 6 月，先后在全国 14 个省（区、市）举行 50 次医疗救助活动，共为 4015 名唇腭裂患儿实施免费修复手术，总计医疗价值约 7800 万美元（约合人民币 5.382 亿元）。在美国加州大学唇腭裂治疗中心的支持下，分别在遵义市第一人民医院、贵阳市口腔医院成立了"幸福微笑国际唇腭裂治疗中心"。

基金会开展的所有公益项目具有创新性、专业性，能有针对性地解决特定的社会问题；项目受益者和参与者多，覆盖范围广，有一定的社会基础。

参考文献

基金会中心网编，2013，《中国基金会 500 名录（2013）》，社会科学文献出版社。

刘京主编，2011，《〈公益时报〉对话高官谈公益》，中国社会出版社。

孙伟林主编，2007，《全国民间组织推荐与展示》，长征出版社。

B.15
中国煤矿尘肺病防治基金会

摘　要：　中国煤矿尘肺病防治基金会积极扩展募集渠道，通过多种方
式募集善款；不断推进科研工作实现新突破；为政府做好技
术支撑，推动尘肺病防治政策出台。尘肺病康复工程、"农民
工洗肺清尘救助项目"、"省、部级尘肺病劳模公益救助项
目"等项目实施进展较快，成效显著。

关键词：　募集渠道　技术支撑　项目　中国煤矿尘肺病防治基金会

一　基本情况

中国煤矿尘肺病防治基金会成立于2003年，前身是中国煤矿尘肺病治
疗基金会。经全国性社会组织评估委员会终评，确定中国煤矿尘肺病防治基
金会获得2017年度评估等级4A级。

基金会规章制度健全，建立了志愿者管理制度、档案管理制度、薪酬管理
制度、预算管理制度、会计人员岗位职责制度、项目财务管理制度、投资管理
制度、财务监督制度。在组织机构方面，基金会理事会现有8名理事、2名监
事。队伍建设方面，基金会有专职工作人员14人，年龄结构合理，专业素质较
高；有一定数量的志愿者队伍，作用明显。在党建方面，基金会2013年建立党
支部，由国家安监总局直属机关党委管理，有党员8人，党组织活动丰富。

二　工作经验

（一）积极扩展募集渠道，通过多种方式募集善款

一是以项目拉动募集资金。通过预防项目，获得有关企业捐赠价值近

7000 余万元的矿山防尘降尘设备和高精度安全监控系统。二是积极争取和承接政府购买服务，通过开展"农民工洗肺清尘救助项目"向民政部申请中央财政支持；通过"省、部级尘肺病劳模公益项目"和"尘肺病人家庭氧疗公益救助项目"与制氧机厂家合作，募集制氧机。三是利用微信、微博和网上公益募捐平台，多渠道募集捐款。

（二）重视宣传工作和信息公开透明

一是加强媒体宣传。在 9 家主流媒体聘请特约记者，在相关报刊开辟专版专栏；拍摄制作《呼吸之痛》、《同一片蓝天下　同享自由的呼吸》等多部宣传片发放至煤炭企业和 58 家定点医院，并在定点医院滚动播放；编印《尘肺病防治知识读本》和宣传画、招贴画。二是充分利用"互联网＋"公益，办好基金会官网，入驻 6 家公益平台网站，设计上线项目共 14 个。三是编印工作简报，已发行 226 期，每期向有关单位发放 200 余份，截至目前已发放 4.5 万余份。四是组织各定点医院青年志愿者服务团队深入矿井、工地、医院和社区，开展尘肺病防治知识和相关法律法规公益宣传、提供生活帮助和救助活动。五是主动向社会各界承诺：珍惜社会捐赠，用好每一分善款，接受社会各界监督。制定《信息公开管理办法》，严格执行制度，专人负责信息公开。在民政部指定的"慈善中国"信息平台及时披露相关信息，接受社会监督。在官网实行定期披露、临时披露。组织募捐活动后及时公布募得资金和所开展的公益活动以及资金的详细使用情况，每年向捐赠人反馈资助信息。

（三）为政府做好技术支撑，推动尘肺病防治政策出台

重视尘肺病防治的政策推动，2014～2017 年举办了"尘肺病防治国际研讨会"，与美、德、日等国专家开展了尘肺病防治政策、治疗经验的交流；召开了"全国煤矿粉尘治理与尘肺病防治技术交流大会"和"用好工伤保险政策，推进尘肺病防治工作座谈会"。活动取得很好的效果，不但扩大了基金会在国际社会的知名度，而且对全面提高我国尘肺病防治水平、国

家政策的落实都产生积极的影响。同时，不断推进科研工作实现新突破，成立了预防专家委员会，50 位预防专家被聘为委员。

三 特色工作

（一）推进尘肺病康复工程持续发展

据不完全统计，截至 2017 年底，由基金会列支治疗尘肺病患者 2.1 万人。被救治的尘肺病矿工减轻了痛苦，延长了寿命，提高了生活质量，受到了广大煤矿工人和家属的欢迎，也赢得了社会的广泛好评。

（二）中央财政支持"农民工洗肺清尘救助项目"稳步开展

项目实施四年来救助 10 个省份 2010 名贫困农民工患者，延缓病情升级，提高患者生活质量。同时，该项目还推动当地新农村合作医疗基金对患者治疗给予一定报销支持，多渠道解决患者治疗经费，传递党和政府关爱，传递了社会温暖。

（三）"尘肺病人家庭氧疗公益救助项目"不断推进

该项目向病情严重、呼吸困难、经济困难、急需救助的尘肺病人和省部级劳动模范尘肺病患者捐献家庭氧疗机，帮助他们缓解因尘肺病所带来的呼吸困难问题。2016 年向省部级劳模尘肺病患者及贫困重症尘肺患者赠送 250 台医疗级制氧机，尤其向引起社会广泛关注的"窒息的村庄"——陕西省山阳县麻庄河村 44 名贫困重症尘肺病农民工患者赠送了制氧机，缓解了生活在交通不便的大山里、就医困难患者的呼吸之痛。截至 2017 年 10 月，基金会共向尘肺病矿工捐赠制氧机 1040 台。

参考文献

基金会中心网编，2013，《中国基金会透明度发展研究报告（2013）》，社会科学文献出版社。

中国科学技术协会主编，中华预防医学会编著，2016，《公共卫生与预防医学学科发展报告（2014～2015）》，中国科学技术出版社。

朱有明、杨金石，2016，《中国社会组织协同治理模式研究》，上海交通大学出版社。

对策分析篇

Suggestions

B.16
社会组织评估存在的不足与建议

摘　要：　在国家现代化治理体系下，社会组织评估成为多元主体参与
社会协同治理的重要机制。近年来，社会组织评估设定的
"以评促改、以评促建、以评促管、以评促发展"的预期效
果正在逐一显现并不断强化。然而，社会组织评估机构承接
能力有待进提升，社会组织评估的指标体系和技术方法有待
完善，评估结果运用范围有待扩展。针对社会组织评估面临
的问题，应当进一步继续完善社会组织评估机制，在条件成
熟时启动《社会组织评估管理办法》的修订工作，进一步完
善社会组织评估标准和改进评估方法，进一步加强社会组织
能力建设，进一步推广社会组织评估结果应用。

关键词：　社会组织评估　评估机制　能力建设

近年来，党中央和国务院对于社会组织发展的重视程度日益增强，社会组织发展取得了积极成效，在创新社会治理和满足公众需求方面发挥了重要的作用。2017年10月，党的十九大报告强调，要发挥社会组织作用，实现政府治理和社会调节、居民自治良性互动。社会组织的功能和作用进一步被强化，而民政部数据显示，截至2018年第3季度，全国共有社会组织79.68万个，其中社会团体36.2万个，民办非企业单位42.8万个，各类基金会6819个。与此同时，社会组织数量和规模的增加也对社会组织评估提出了新要求。推进社会组织有序发展需要良好的监督规范机制，一方面，需要加强第三方评估组织的能力建设，积极培育第三方评估机构，通过购买服务等形式让更多的第三方机构进入社会组织评估领域，同时探索机制创新，使得一部分拥有评估资质和评估能力的评估机构脱颖而出，有效承接政府委托的社会组织评估项目；另一方面，社会组织扮演被监督者的角色时，能够充分利用接受评估的契机，在评估过程中，按照评估标准实现自我强化和提升，进一步强化法人治理结构，推进社会组织诚信自律建设，提高社会组织的公信力。不仅如此，在加强对社会组织管理的同时，也激发社会组织自身不断解决问题的动力，促进了社会组织有序发展。

2007年，民政部正式启动全国性社会组织评估工作，并确立了"以评促改、以评促建、以评促管、以评促发展"的工作目标。经过近10年的发展，全国性社会组织评估的规范性、科学性、权威性、有序性和普及性均显著提升。2007年《民政部关于推进民间组织评估工作的指导意见》和《全国性民间组织评估实施办法》下发后，在民政部本级陆续启动了基金会，涉外基金会，民办非企业单位，全国性行业类、学术类、联合类、职业类、公益类社团8类社会组织的评估工作。2015年5月发布《民政部关于探索建立社会组织第三方评估机制的指导意见》，明确了社会组织第三方评估的总体思路、基本原则、内容和操作流程等，2016年9月正式实施的《中华人民共和国慈善法》明确规定："民政部门应当建立慈善组织评估制度。鼓励和支持第三方机构对慈善组织进行评估。"为了进一步完善评估制度，2017年3月，民政部办公厅发布了关于《社会组织抽查暂行办法》（民发

〔2017〕45 号），根据此办法，社会组织登记管理机关按照法定职责，随机抽取一定比例的社会组织，对其依法开展活动的情况进行检查。2018 年 1 月 24 日，民政部发布《社会组织信用信息管理办法》（民发〔2018〕60 号），该管理办法明确活动异常与违法失信情形并对违法失信的社会组织采取严惩措施，对信用良好的社会组织采取激励措施，促进社会组织健康有序发展。2018 年 8 月 6 日，民政部发布《慈善组织信息公开办法》（民发〔2018〕61 号），要求慈善组织依法履行信息公开义务，建立信息公开制度，对信息的真实性负责，同时保障和维护社会公众的知情权，保护捐赠人、志愿者、受益人等慈善活动参与者的合法权益。在政策文本的指导下，我国社会组织评估工作取得了重要进展。

一 社会组织评估存在的不足

服务型政府治理模式中，社会组织参与社会治理体现了国家现代化体系的推进。从 2007 年开始，经过十年的发展，全国性社会组织和地方性社会组织评估发展迅速，参与评估的社会组织数量不断增加，社会组织评估的积极性不断提升，社会组织评估的信息化水平逐步健全，以第三方评估机构为标志的社会评估主体已经出现，社会组织评估等级已经成为衡量社会组织发展的重要信誉标志。但社会组织评估存在诸多问题、不足有待进一步改进。

（一）社会组织评估机构的能力有待进一步提升

社会组织评估制度的建立，使社会组织从"被管理者"转变成"治理主体"，社会组织的社会地位明显提高。同时，这对社会组织的组织建设、公信力、评估的专业化水平提出了更高的要求。专业性是指第三方主体熟悉评估理论，拥有人才技术优势，能够制定科学合理的评估指标体系，运用定量与定性相结合的评估方法对评估对象进行定期评估、跟踪评估，评估结果具有可检验性（林鸿潮，2014）。但社会组织目前组织人才的匮乏，致使社会组织评估专业化水平不足。当前社会组织中全职且具备专业知识的员工少，大多数是年龄偏大已经退休的干部或是文化水平不高的员工。许多社会组织评估从业人员缺乏相应的理论储备和专业素养，评估理念和评估方法相对滞后，缺乏有效的评估手段，容易出现评估效度和信度较低、评估指标权重失衡等问题（曹天禄，2014）。

（二）社会组织评估技术方法有待完善

社会组织的评估指标体系既包括硬指标又包括软指标，就硬指标而言，比较容易测量，主要体现在基础条件、工作绩效等方面，而对于社会组织内部人员的评价和外部评估，都具有一定的主观性，且难以测量和准确把握。评估是技术性非常强的专业工作，一般而言，评估技术会包括评估体系的建立以及评估数据的获取两个方面。在明确评估目的之后，建立评估指标体系，确定评估标准、权重，制定评估实施方案，最后形成评估报告，评估体系里的每一个环节都有很高的专业技术含量，任何一个环节出现问题都会影响评估结果。确定了评估体系不等于完成了评估工作，评估数据的获取对于评估结论的形成也是至关重要的，所以获取真实的、足够的评估数据也是评估技术的组成内容。社会组织评估主体所需具备的专业知识还应包括对评估对象特性的掌握（徐双敏、崔丹丹，2018）。

（三）评估结果运用范围有待扩展

2015 年《民政部关于探索建立社会组织第三方评估机制的指导意见》专门提出，加快建立社会组织评估结果综合利用机制，扩大评估结果运用范围。各地要制定与评估结果挂钩的激励政策，提倡把评估结果作为社会组织承接政府转移职能、接受政府购买服务、享受税收优惠、参与协商民主、优化年检程序、参加表彰奖励的参考条件，鼓励把评估结果作为社会组织信用体系建设的重要内容。许多地区已经把社会组织评估结果与政府购买服务、税收优惠、表彰奖励、信用体系建设相挂钩，并且起到了以评促建，不断提升社会组织能力的目的。但是，就实际操作而言，还存在着评估结果运用范围窄，激励政策落实难，配套机制滞后等问题，亟须在以后的评估实践中不断予以完善。

二 完善社会组织评估的对策建议

（一）完善社会组织评估机制，在时机成熟时启动《社会组织评估管理办法》修订工作

2015 年 5 月发布的《民政部关于探索建立社会组织第三方评估机制的指导意见》提出针对社会组织评估工作还存在的发展不平衡、评估机构独立性不强、专业化水平不高和评估结果运用不充分等问题，要求进一步改进完善评估工作，建立第三方评估机制。这就需要在实际评估工作中进一步理顺社会组织管理部门、评估委员会和复核委员会以及第三方评估机构的关系，同时增加对第三方评估机构的遴选和监管方式、强化对评估等级的动态管理以及评估结果的应用。第一，确定社会组织评估工作的主要目标和原则，同时健全涉及评估各环节的制度规定。第二，制定社会组织评估机构的资质考核的相应标准，明确评估委员会、复核委员会议事规则，修订评估机构管理办法、评估专家管理办法。第三，建立社会组织第三方评估的激励约束机制。第四，增加评估指标统一详细的解释说明，明确评估指标具体内容指向。

（二）强化标准制定和改进评估方法

社会组织评估是一项专业技术性很强的工作，应当遵循评估工作规律并结合社会组织管理重点，不断完善评估标准，增强标准的区分度和科学性，适时推动评估标准化工作，分类制定有关社会组织评估的国家标准和行业标准。同时应当充分利用"互联网＋"、大数据等信息技术手段，不断改进评估工作，提高效能，加强数据积累和开发，为研究社会组织发展态势、强化社会组织管理提供依据，研究把社会组织的日常表现纳入评估标准，使得评估工作更加全面客观。建立关键人物访谈制度，将访谈情况作为评分依据。同时评估指标体系也应当注重行业特色和区域特色，评估指标体系的建立不能采取统一的方案。特别是在对承接公共服务项目的社会组织进行评估时，在公共服务标准化的同时，也应当建立和完善社会组织评估的标准化体系，科学准确地反映出评估的科学性、评估流程的规范性以及评估效果的客观性。针对当前社会组织评估工作中指标体系科学性和合理性不足，如有学者从"主体－社会组织"、"服务对象－社会公众"、"监管者－政府"等层面建构了社会组织评估立体化的"GPO"（主体、服务对象、监管者）模式（曾本伟，2016）。

（三）加强社会组织能力建设

第三方评估是一项技术性的工作，要求社会组织具备较高的专业性水平，因此社会组织必须增强自身能力建设。可以从以下三个方面进行提升社会组织的能力。第一，社会组织作为社会组织评估主体需要完善信息化建设，提升沟通协调能力，搭建和完善信息公布平台，公布组织自身的信息以及法律法规、政策的制定，并公布评估指标、评估方案，以及评估结果。信息公开，能增加社会大众的认同度和提高评估机构的公信力。第二，完善制度建设提升自我管理能力，完善内部制度主要包括财务制度、工作制度，还有岗位责任制度。社会组织的资金有多种来源，对不同性质的资金政府规定的财务制度是不同的，完善的财务制度，是提升评估机构自身工作透明度、保证自身良性运转的基础。第三，社会组织评估主体应完善人才建设，提升专业技术能力，完善内部激励机制，对评估专业人才进行有关社会组织的专业政策培训（徐双敏、崔丹丹，2018）。

（四）推广社会组织评估结果应用

完善社会组织评估的激励约束机制，同时加强对于社会组织评估的宣传和推广，有助于更好地发挥社会组织评估的功能和作用。在现有社会组织激励政策的基础上，应当积极争取相关政府部门的支持，在政府职能转移、委托项目、购买服务、税收优惠、评选先进等方面向等级较高的社会组织倾斜，扩大评估等级结果的使用范围，提高社会组织参评的主动性和积极性。

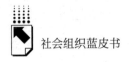
社会组织评估工作当前已经全面铺开，社会组织评估的制度化和规范化程度也不断增强。与此同时，社会组织评估还存在许多问题不足有待弥补，因此，如何加强对社会组织评估机构的培育和监管、加强社会组织评估的激励约束机制，以及创新社会组织评估指标体系和规范流程，将成为未来一个时期内社会组织评估工作亟须解决的重要理论问题和实践议题。

参考文献

曹天禄，2014，《评估困境：当前社会组织评估面临的软肋——以广东深圳为例》，《深圳职业技术学院学报》第 6 期。

林鸿潮，2014，《第三方评估政府法治绩效的优势、难点与实现途径——以对社会矛盾化解和行政纠纷解决的评估为例》，《中国政法大学学报》第 4 期。

民政部，2018，《2018 年第 3 季度全国社会组织发展统计数据》，民政部网站。

徐双敏、崔丹丹，2018，《社会组织第三方评估主体及其能力建设》，《晋阳学刊》第 5 期。

曾本伟，2016，《多维视阈下社会组织评估的"GPO"模式探讨》，《广东行政学院学报》第 3 期。

B.17
促进社会组织发展的建议

摘　要： 社会组织是中国社会主义现代化建设的重要力量，在政治协
商、公共服务、社会治理和智库建设中发挥着越来越重要的
作用。当前应当充分发挥社会组织服务国家、服务社会、服
务群众、服务行业的作用，加强社会组织党建、健全社会组
织管理制度、完善社会组织自律机制、积极承接政府购买服
务。

关键词： 社会组织发展　社会组织党建　社会组织管理制度

社会组织是社会主义现代化强国建设的重要力量，在政治协商、公共服
务、社会治理和智库建设中发挥着越来越重要的作用（徐家良，2018）。为
了进一步加强社会组织建设、激发社会组织活力，2016 年 8 月 21 日，中共
中央办公厅、国务院办公厅印发了《关于改革社会组织管理制度促进社会
组织健康有序发展的意见》，首次明确"社会组织是中国社会主义现代化建
设的重要力量"，提出"充分发挥社会组织服务国家、服务社会、服务群
众、服务行业的作用"，为社会组织的发展及作用发挥指明了方向。在此背
景下，如何发挥社会组织的功能和重要作用也成为当前需要解决的重要议
题。我们认为，应当加强社会组织党建、健全社会组织管理制度、完善社会
组织自律机制、积极承接政府购买服务。

一　加强社会组织党建

加强社会组织党建工作，有利于推动社会组织更好地参与国家治理，汇

聚全面深化改革的强大正能量。2015 年 9 月，中共中央办公厅印发《关于加强社会组织党的建设工作的意见（试行）》，要求加强社会组织党建工作，对于引领社会组织正确发展方向、激发社会组织活力、促进社会组织在国家治理体系和治理能力现代化进程中更好地发挥作用具有重要意义。2016 年 9 月，民政部印发《民政部关于社会组织成立登记时同步开展党建工作有关问题的通知》，从政策层面推进社会组织建立党的组织，同时落实党建责任、开展党的工作。2018 年，习近平总书记在全国组织工作会议上强调，要加强社会组织党的建设。当前社会组织类型较多，覆盖面广，而且分布领域和辐射面比较宽，因此在推进社会组织党建过程中有一定的难度，这也集中体现在社会组织人才队伍流动性大、党建人才相对匮乏等方面。为此，有效推进社会组织党建制度创新，还需强化党建管理主体的有效赋权，建立跨部门党建联动机制，激活枢纽型党建传递机制，完善第三方评估监督机制，健全多层次的党建支持网络（程坤鹏、徐家良，2018）。

二 健全社会组织管理制度

社会组织管理制度是促进社会组织发展的重要支撑，通过不断完善社会组织管理制度、提高社会组织运作能力，能够更好地理顺政府与社会组织的关系，促使社会组织参与到国家治理格局中。在以往社会组织管理政策的基础上，2018 年，民政部相继发布《民政部办公厅关于在社会组织登记管理工作中加强名称管理有关问题的通知》和《民政部直管社会组织重大事项报告管理暂行办法》，进一步加强了社会组织的名称和民政部直管社会组织重大事项报告的管理。这些政策措施对于落实社会组织登记管理制度、防控社会组织风险、维护社会组织发展的秩序具有重要的推动作用。在社会组织信息化建设方面，2018 年 9 月 3 日，民政部发布《"互联网 + 社会组织（社会工作、志愿服务）"行动方案（2018～2020 年）》（以下简称《行动方案》），深化"互联网 + 政务服务"等重大决策部署，推动"互联网 +"在社会组织、社会工作、志愿服务、慈善募捐等领域健康发展，运用"互联

网 + "为广大人民群众服务。该《行动方案》的发布，不仅拓宽了社会组织参与社会治理的途径和方式，而且可以提高社会组织的社会知名度，提高社会组织的公信力和社会认可度。这些政策，对促进社会组织健康有序发展、引导社会组织积极参与社会治理进行了有益的探索。

三 完善社会组织自律机制

社会组织在社会治理中作为党和政府的得力助手，为推进我国的现代化建设发挥了积极的作用。在党中央和国务院一系列政策引导下，我国的社会组织管理工作取得了重大进步。尽管如此，依旧有少数社会组织内部治理混乱、管理不规范。因此，加强社会组织的自我规范尤为重要和迫切，社会组织应从自身理念、愿景出发，强化责任，狠抓落实。近年来，许多地区也就社会组织自律进行了积极的探索与尝试，如 2018 年 9 月，上海的社会组织联合发起了《上海社会组织自律公约》，首批 53 家来自社会团体、社会服务机构、基金会的社会组织代表签署了自律公约。概言之，从价值层面上看，社会组织应不断内化使命感和价值观，坚持非营利性和公共性的特征，发挥社会组织的积极作用，同时彰显其志愿性优势。从工具层面上看，完善的内部治理结构和监管体系能够有效地实现组织发展和项目运作的均衡。同时，还要提升透明度，强化信息披露，使社会组织能够接受同行、公众以及媒体的有效监督和质询，提升社会组织的公信力和声誉，推动社会组织管理制度改革。

四 积极承接政府购买服务

社会组织积极承接公共服务，有利于转变政府职能。基于降低成本和提高效率的需要，政府通过招投标、委托、竞争性谈判向社会组织购买服务，已经成为政府治理的一种新型工具，开始在各级政府推进，公共服务购买的制度化和规范化程度也在逐渐提升（吴磊、徐家良，2017）。2014 年 12 月，

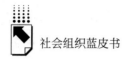

财政部、民政部、工商总局联合印发《政府购买服务管理办法（暂行）》的通知，推广和规范政府购买服务，更好地发挥市场在资源配置中的决定性作用，加快推进政府职能转变。其中在政府购买服务的承接主体章节明确指出符合条件的社会组织可以作为合法的承接主体。通过承接政府委托的公共服务尤其是社会服务，社会组织能够不断地整合各类资源，拥有更多参与公共服务提供的制度空间。近些年，在承接公共服务的实践过程中，社会组织的优势在不断增强，能力也在承接公共服务的过程中有了质的飞跃。在此过程中，为了有效提高政府购买服务的效率和效果，社会组织应当不断提升自身专业化能力和服务水平，发挥非营利性、志愿性等特征，以民众公共服务需求为出发点，在公共服务供给领域有所作为。

参考文献

程坤鹏、徐家良，2018，《新时期社会组织党建引领的结构性分析——以 S 市为例》，《新视野》第 2 期。

吴磊、徐家良，2017，《政府购买公共服务中社会组织责任的实现机制研究——一个利益相关者理论的视角》，《理论月刊》第 9 期。

徐家良，2018，《互联网公益：一个值得大力发展的新平台》，《理论探索》第2 期。

附　录

Appendix

B.18
中国社会组织评估大事记
（2017年1~12月）

2017年1月11日　广州市民政局公布首批共10家广州市品牌社会组织。2016年底广州市发布《广州市品牌社会组织评价指标体系（试行）》（以下简称《指标体系》），《指标体系》设置品牌基础、品牌建设、品牌作用、品牌文化4个一级指标，集中反映品牌社会组织的基本属性及构成；从发挥示范引领作用、扩大社会影响等方面出发，设置16个二级指标、43个三级指标。

2017年2月3日　《浙江省社会组织失信"黑名单"管理办法（试行）》（以下简称《管理办法》）正式施行。《管理办法》明确社会组织若出现申请登记时弄虚作假骗取登记、从事以营利为目的的经营性活动等12项失信行为，将被列入失信"黑名单"。被列入"黑名单"的社会组织，整改到位前不得以社会组织或慈善组织名义开展活动，并被限制参加政府购买社会组织服务项目等资格。浙江省已建立全省社会组织失信"黑名单"数据

库，各地县级以上登记管理机关每季度报送、共享信息。对于被列入失信"黑名单"的社会组织，将通过"信用浙江"等网站、省社会组织信息平台等予以公布，公布期限为 3 年，公布 6 个月后，社会组织整改到位，便可提出信用修复申请。

2017 年 3 月 14 日　民政部根据《社会组织评估管理办法》第三十条关于获得评估等级的社会组织有上年度年度检查不合格、连续 2 年年度检查基本合格或受相关政府部门行政处罚情形的，由民政部门做出降低评估等级处理的规定，发布公告降低 7 家全国性社会组织评估等级，2 家评估等级从 4A 级降至 3A 级，5 家评估等级从 3A 级降至 2A 级。从 4A 级降至 3A 级的 2 家社会组织为中国爆破行业协会和中国环境保护产业协会；从 3A 级降至 2A 级的 5 家社会组织为东方华夏文化遗产保护中心、中国生物多样性保护与绿色发展基金会、中国圆明园学会、中国交响乐发展基金会和中国投资协会。

2017 年 3 月 29 日　深圳市民政局发布《深圳市社会组织发展专项奖励资金管理办法》（征求意见稿）〔以下简称《管理办法》（征求意见稿）〕。《管理办法》（征求意见稿）提出，上年度经市民政局依法评估审核认定为 5A 级的社会组织，可以向市民政局申请奖励资金。在规定期限内提出申请且符合奖励条件的社会组织，按照每家 50 万元的标准给予奖励。奖励资金应当专款专用，不得变更用途，不得以任何形式挤占、挪用。获得奖励的社会组织应当接受财政、民政、纪检监察、审计等部门及社会监督。

2017 年 4 月 17 日　浙江省民政厅公布 2016 年度全省性社会组织评估结果。参加评估的全省性社会组织共 34 家，经社会组织自评、第三方评估机构实地考察、浙江省社会组织评估复核委员会复核、浙江省社会组织评估委员会审定、媒体公示等程序，最终浙江省妇女儿童基金会、宁波鄞州银行公益基金会、浙江省体育基金会等 25 家社会组织被评为 5A 级，7 家社会组织被评为 4A 级，2 家社会组织被评为 3A 级。近年来，浙江省稳步推进四类社会组织直接登记工作，截至 2016 年底，全省在各级民政部门依法登记的社会组织有 4.72 万家，纳入备案管理的社区社会组织有 12.9 万家，社会组织的总数和每万人拥有数位居全国前列。

2017 年 4 月 21 日　徐选国和黄颖在《社会工作与管理》2017 年第 2 期上发表《政社分开与团结：政府购买社会服务第三方评估的风险及其治理——基于 S 市的评估实践》一文。文章基于对 S 市政府购买社会服务的实证研究发现，政府购买社会服务第三方评估实践中存在结构性风险、合法性风险、有效性风险和道义性风险，这与第三方评估的结构性地位尚未确立、合法性机制缺位、权威性难以彰显、自主性缺失密切相关，其根本原因在于政社关系结构失衡。文章借助政社分开与团结取向，为分析政府购买社会服务中政府与社会力量的关系提供了一种新视角。

2017 年 7 月 3 日　云南省民政厅为进一步完善专家库、推进社会组织评估工作专业化运作，根据《云南省民政厅关于聘任云南省社会组织评估专家的通知》（云民民〔2010〕109 号），于 2017 年 6 月 27 日至 7 月 3 日对云南省社会组织评估专家人才库名单进行公示。

2017 年 7 月 10 日　深圳市颁布《深圳社会组织评估指南》，并于 8 月 1 日正式实施。《深圳社会组织评估指南》填补了社会组织评估与管理地方性标准领域的空白，增强了社会组织评估的权威性和说服力。《深圳社会组织评估指南》确定了依法登记和接受监督、内部治理规范、业务活动能力、财务管理规范和信息公开规范指标 5 个评估指标，每个指标总分均为 100 分，但根据权重，标准分各有不同。根据得分，最终将社会组织评估为无等级、1A 级、2A 级、3A 级、4A 级、5A 级 6 个级别。《深圳社会组织评估指南》集中体现了几大亮点：（1）严格界定类别指标，按法定类型分为社团、社会服务机构、行业协会、基金会四大类；（2）精简指标和内容，只对社会组织共性关键行为的指标进行评价；（3）采用加权计算分值的方式，强调五个维度的均衡合理；（4）增加社会组织党建内容的权重。

2017 年 8 月 3 日　2017 年广州社会组织等级评估首场专家业务培训班在广州市烈军属疗养院举行。近 30 名来自党政机关、高等院校、法律工作、财务管理、社会组织管理等领域的专家参加了此次为期两天的培训。通过培训，一方面加深了评估专家对社会组织等级评估工作的理解；另一方面，各位专家针对等级评估提出了相关建议和意见，有助于推动评估工作发展。

2017年8月14日 北京市发布《市级"枢纽型"社会组织考核评价办法（试行）》（京社领办发〔2017〕10号）（以下简称《办法》）。京社办根据《关于加强和改进社会组织党的建设工作的实施意见》（京办发〔2016〕27号）、《市级"枢纽型"社会组织业务工作规范》（京社领办发〔2016〕8号）及相关规定制定该《办法》，以加强市级"枢纽型"社会组织工作体系建设，规范开展考核评价工作。根据《办法》，考核评价工作由北京市社会建设工作领导小组办公室（以下简称"领导小组办公室"）统筹负责，每年定期开展。考评结果同支持资金挂钩，领导小组办公室以考评结果为重要依据，兼顾各"枢纽型"社会组织日常工作实际，综合确定资金支持额度。领导小组办公室同时制定发布市级"枢纽型"社会组织考核评分细则，作为考评的基本依据，并根据工作实际逐年进行动态调整。

2017年8月16日 崔月琴和龚小碟在《国家行政学院学报》2017年第4期上发表《支持性评估与社会组织治理转型——基于第三方评估机构的实践分析》一文。文章以Q评估机构为研究对象，重点展示该评估机构在社会组织评估中的价值定位、评估方法，以及实践运行中与政府的互动合作机制。研究指出Q评估机构在评估实践中，坚持以评促建的原则，从支持性评估理念的生产到支持性评估指标的设计、方法的创新，再到社会组织支持性结构的构建，充分展示了第三方评估机制所发挥的积极作用。"以评促建，支持性评估"机制的运行，对于加强多元主体的互动合作、促进社会主体自主成长及加强能力建设、引导社会组织健康发展、助力社会组织治理转型意义重大。

2017年9月1日 民政部公告2016年度全国性社会组织评估等级结果。根据《社会组织评估管理办法》和国家社会组织管理局《关于开展2016年度全国性社会组织评估工作的通知》要求，经2017年8月30日全国性社会组织评估委员会全体会议终评，确定了2016年度全国性行业协会商会、全国性学术类社团、全国性职业类社团、全国性联合类社团、基金会和民办非企业单位的评估等级。其中8家全国性行业协会商会获评4A级、25家获评3A级、6家获评2A级；4家全国性学术类社团获评5A级、7家获评4A级、

17 家获评 3A 级、7 家获评 2A 级、1 家获评 1A 级；1 家全国性职业类社团获评 3A 级；2 家全国性联合类社团获评 4A 级、5 家获评 3A 级；5 家基金会获评 4A 级、15 家获评 3A 级、4 家获评 2A 级；1 家民办非企业单位获评 4A 级、4 家获评 3A 级。

2017 年 9 月 1 日 山东省民政厅印发新版《山东省社会组织评估指标（2017 年修订）》（鲁民〔2017〕54 号）。新修订的社会组织评估指标在广泛征求专家学者及服务对象意见的基础上，按照与时俱进、精简高效的原则，着重突出并进一步细化社会组织党的建设、诚信自律以及参与扶贫攻坚、开展公益慈善活动等指标内容，并相应增加了分值；删除了部分不再具备引导性的指标，增加了建立社会组织新闻发言人制度、建立社会组织联络员制度等指标。

2017 年 11 月 9 日 "2017 年广州市品牌社会组织创建培训班"在广州社会组织学院多功能报告厅举行。全市共有 40 余家社会组织申报"广州市品牌社会组织"，其中 5A 级社会组织占比约为 65%，同比增长 21%，这不仅意味着社会组织的品牌意识有所增强，也预示着品牌社会组织评估的竞争将更加激烈。

2017 年 11 月 10 日 陕西省民政厅出台《陕西省社会组织评估管理办法》，以规范社会组织评估工作，提高社会组织的社会公信力，增强社会组织服务能力。该办法是参照民政部《社会组织评估管理办法》（第 39 号令）并结合实际，对 2011 年试行办法进行修订而来。

2017 年 11 月 21 日 国家发展和改革委员会、民政部、财政部、国务院国有资产监督管理委员会联合印发《关于进一步规范行业协会商会收费管理的意见》（发改经体〔2017〕1999 号，以下简称《意见》）。《意见》指出建立行业协会商会失信黑名单管理制度并强调发挥第三方评估的引导监督作用。"修订行业协会商会评估标准，将收费标准制定程序、会费层级设定、分支机构收费、收费信息公示等情况纳入评估指标体系，发挥好第三方评估对行业协会商会收费行为的引导和监督作用。"

2017 年 11 月 24 日 民政部社会组织服务中心在北京召开 2017 年度全

国性社会组织评估工作评前动员会，来自约 100 家全国性社会团体、基金会和社会服务机构的 210 名同志参加了会议。会议就第三方评估工作的目的意义、评估程序、方式方法、材料准备等做了详细说明，并解读了各类社会组织评估标准。同时，第三方评估机构介绍了第三方评估的现场评估操作程序及工作衔接情况，财务专家介绍了财务资产部分的评估标准。会议对 2017 年度评估工作的顺利实施起到了积极的引导和促进作用。

2017 年 12 月 22 日　民政部社会组织服务中心、上海交通大学、社会科学文献出版社在京共同发布《中国社会组织评估发展报告（2017）》蓝皮书。蓝皮书介绍了 2016 年度全国性社会组织评估工作概况，对参评的全国性行业协会商会、全国性学术类社团、基金会、民办非企业单位进行了专题分析并提出了对策建议。报告认为，民政部正式启动社会组织评估工作 10 年来，全国性社会组织评估的规范性、科学性、权威性、有序性和覆盖率均显著提升。全国性社会组织评估 2016 年度首次采用在线"社会组织评估申报系统"（http://pgsb. mzngo. org），简化申报程序，加强信息公开，提高了评估效率和效益。

Abstract

This Annual Report on Evaluation of Social Organizations in China (2018) is the cooperation working result from the School of International and Public Affairs, Institute for Philanthropy Development, the Research Center of the Third Department, as well as Shanghai Jiao Tong University and the Ministry of Civil Affairs administration of the Social Organizations in China.

This report is mainly based on the data coming from the Ministry of Civil Affairs administration, Shanghai social organizations, Zhejiang social organizations and Shenzhen social organizations in 2017, which includes the informaiton on annual evaluation reports and rating level of national social organizations from the entire nation.

The content of the book has five parts which combines main report sand sub-reports, and many case studies; bring up questions and suggestions, and attaches appendix with references at the end.

The general report analyses the 2017 national Social Organizations Evaluation, which includes the work reviews, the results analyses, the indicators and the characteristics of social organizations' evaluations.

Several sub-reports are covered in this book. Respectively reports to the national trade association/chambers of commerce, national academic associations and joint social associations, foundations, and social service agencies, Shanghai social organizations evaluation, Zhejiang social organizations evaluation, and Shenzhen municipal social organizations evaluation have been covered.

Case-studies presents seven representative national social organizations with the brief introductions. The suggestions of report provide several keys for improving the social organizational evaluation and their future development based on the finding of the problems existing in the evaluation.

Appendix includes the historical milestones of Chinese Social Organizations Evaluation from January 11th to December 22th of 2017.

Contents

I General Report

Abstract: As an important part of the modernization of national governance system and capacity, the high-quality development of social organizations has great significance to the new era of " building a social governance pattern of co-construction, co-governance and sharing". After more than ten years of gradual and debugging development, the standardized, orderly, socialized and professional evaluation process of social organization evaluation has established and continuously improved. This report takes the 2017 national social organization evaluation as the research object, and uses process tracking and descriptive statistical methods to systematically analyze the evaluation work and the evaluation results. First, in 2017, the national social organization evaluation cycle was nearly 10 months, and the routine work was further refined, which covers improving the evaluation criteria, strengthening the cultivation of third-party institutions, strictly assessing discipline, and strengthening dynamic management. Second, many innovated works were carried out in this year, including further innovation of social evaluation surveys, innovation of party building mobilization models, innovative information disclosure methods , improvement of evaluation criteria and third - party assessment methods and so on. Third, the results of social organization evaluation scords show that the evaluation process and evaluation requirements are more rigorous, and the trend of evaluating the dynamic management of evaluation rating results is more obvious. Finally, the analysis of the evaluation indicators shows that the main advantages of participating in national social organizations are going to higher standardization of basic conditions, stronger professionalization of personnel management, and more remarkable achievements in public welfare and publicity. The main problems in participating in national social organizations are insufficient institutional construction and lack of effective fund management. However, risk prevention awareness is not strong and social recognition in crisis management needs to be further improved generally.

Keywords: Social Organization; Fundamental Conditions; Internal Governance; Working Performance; Social Evaluation

Ⅱ   Sub-Reports

B. 2   Data Analysis of National Trade Association and Chambers of
Commerce Evaluation   / 024

Abstract: This report based on the results of the 2017 National Trade Association and Chambers of Commerce Evaluation. The report analyzes the fundamental conditions, internal governance and working performance of the national trade association and chambers of commerce participating in the 2017

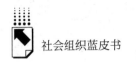

annual evaluation. It compares and analyzes the data of the national trade association chambers that obtained the different evaluation levels in 2017. Overall the national trade associations and chambers of commerce participating evaluation in the 2017 have a Party ability mechanism, strong organizational functions, and relatively complete information disclosure channels. However, there are deficiency in the financial management and the establishment of supervisors. It needs to take further advance to improve it.

Keywords: National Trade Association/ Chamber of Commerce; Fundamental Conditions; Internal Governance; Working Performance; Social Evaluation

B. 3　Data Analysis of National Academic, Joint Associations Evaluation　　　　　　　　　　　　　　　　　　/ 046

Abstract: This report bases on the results of the 2017 national academic and joint associations evaluation. This report describes the fundamental conditions, internal governance, and working performance of the academic and joint associations being assessed. At the same time, the analysis of the changes in the evaluation coming from the two types of social associations which come from the horizontal and vertical comparisons of time and category. While the national academic and joint associations participating in the 2017, Social Organizations Evaluation have made achievement in terms of work performance, there are also some problems and deficiencies in the internal governance that needs to be improved.

Keywords: Association Evaluation; Fundamental Conditions; Internal Governance; Working performance

B. 4　Data Analysis of Foundations Evaluation　　　　　　　/ 066

Abstract: This report is based on the results of the 2017 Foundation

Evaluation and related materials. In 2017, a total of 35 foundations participated in the evaluation. Among them 3 organizations are awarded Grade 5A, 10 organizations receive Grade 4A, 19 organizations get Grade 3A, 2 organizations get Grade 2A, while 1 organizations get Grade 1A. Overall, the foundations participated in the evaluation have a good normative development and performance. The standardization operation is progressing clearly. The public welfare and effectiveness of the project are guaranteed, and the information disclosure channels are increasingly perfect. However, some problems have been discovered during the evaluation process. For example, the strategic planning of the foundation and the management of meeting summary still need to be strengthened, and the team of full-time talents of the foundation still needs to be enriched.

Keywords: Foundations; Basic Conditions; Internal Governance; Work Performance; Social Evaluation

B. 5 Analysis of Social Service Agencies / 083

Abstract: In 2017, four social service organizations participates in the 2017 Social Organizations Evaluation and obtained the evaluation level. Among them, 3 organizations are awarded Grade 3A and 1 organization get Grade 2A. This report mainly analyzes the fundamental conditions, internal governance with working performance of the social service agencies being assessed, and summarizes the main advantages in shortcomings of social service organizations participated in the 2017 Social Organizations Evaluation. While the social service organizations participating in the 2017 Social Organizations Evaluation have made certain achievements in the party organization construction and service functions, but they also face problems and deficiencies in the financial management norms and information disclosure content, which need to take measures to improve.

Keywords: Social Organizations Evaluation; Social Service Agencies

B. 6   Analysis of Shanghai Social Organization Evaluation   / 092

Abstract: In 2017, 218 city-level social organizations in Shanghai participated in the Social Organizations Evaluation report. 117 social organizations in Pudong New Area participate in and complete the evaluation. A total of 26 social organizations in Jing'an District join the evaluation. This report analyzes the evaluation of Shanghai municipal social organizations, Pudong New Area social organizations and Jing'an social organizations from three aspects: the basic situation, the characteristics, the effectiveness of the evaluation. In general, the evaluation work of Shanghai-city-level social organizations and district-level social organizations has taken effect. The evaluation works have promoted the construction and development of social organizations, but there are also some problems and deficiencies that need to be improved.

Keywords: Social Organization Evaluation; Evaluation Indicators; Working Characteristics; Evaluation Mobilization

B. 7   Analysis of Zhejiang Social Organization Evaluation   / 101

Abstract: In 2017, 48 provincial-level social organizations in Zhejiang Province participated in the Social Organization Evaluation. The number of social organizations participating in Hangzhou and Cixi municipalities was 119 and 120 respectively. Among them, 14 social organizations in Yuhang District of Hangzhou participated in the evaluation. This report mainly analyzes the evaluation of the provincial social organizations, the social organizations of Hangzhou and Cixi, and the social organizations of Yuhang District from three aspects: the basic situation, the characteristics, the effectiveness of the evaluation work. It summarizes the achievements and shortcomings of social organization evaluation work at different levels. On the whole, the evaluation work of provincial-level social organizations, municipal-level social organizations and district-level social organizations has taken effect. The standardization of social organizations has been further strengthened.

However, there are still some problems and deficiencies that need to improve.

Keywords: Social Organization Evaluation; Evaluation Characteristics; Norm Construction; Evaluation Indicators

Abstract: In 2017, a total of 90 municipal-level social organizations in Shenzhen participated in the Social Organization Evaluation. 35 social organizations were awarded Grade 5A, 25 were awarded 4A, 23 were awarded 3A, and 5 were awarded 2A. This report analyzes the basic situation, the characteristics, and the effectiveness of the Shenzhen municipal social organizations evaluation works. It summarizes the characteristic and existing deficiencies of the evaluation works. According to the data analysis, the 2017 Shenzhen municipal social organization evaluation has taken effect, and the number of social organization participating in the evaluation has increased. The social organization of the re-evaluation has obtained a higher grade, but there are also some shortcomings that need to improve.

Keywords: Social Organization Evaluation; Municipal Social Organization; Evaluation Criteria; Norm Construction

Ⅲ   Case Studies

Abstract: Based on the needs of the development in agriculture, rural areas and farmers, the Chinese Academy of Agriculture (CAA) has been actively engaged in academic exchanges to promote innovation in agricultural science and technology. To give full play to the advantages of third parties as well as create a brand for evaluation and evaluation of science and technology, we will serve

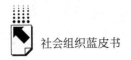

farmers by improving their scientific quality, promotes targeted poverty alleviation through science and technology, and help them to win the battle against poverty. At the same time, continuousimproving the service of agricultural science and technology workers, the service of party and the government scientific decision-making ability, strengthen the personnel training and recommendation, promote the growth of agricultural and rural talents, all have made an important contribution to promoting agricultural and rural modernization construction.

Keywords: Scientific and Technological Innovation; Evaluation and Evaluation of Brands; Precision Poverty Alleviation by Science and Technology; High-end Leadership; Chinese Academy of Agriculture

B. 10　Case Study of Chinese Society of Literary and Artistic Theory

Abstract: In recent years, the Chinese Society of Literary and Artistic Theory, based on the study of literary and artistic theory, has actively participated in government decision-making consulting research, academic popularization, social welfare, and other activities, focusing on personnel training with "forums" and "brands". Taking the international conference as the carrier to promote the international exchange and cooperation steadily, institute of Literature and Art jointly has organized by East China Normal University which enjoys the extremely high social prestige. The new media construction achievement is remarkable.

Keywords: Chinese Society of Literary and artistic Theory ; "Theoretical Study of Literature and Art"; New Media; Forum; Brand

B. 11 Case Study of China General Machinery Industry Association

/ 127

Abstract: The China General Machinery Industry Association gives full play to its own advantages, continuously provides suggestions and suggestions for government decision-making; provides information and technical services for enterprises; guides enterprises to explore new ideas and new ways; new methods for deepening reform and improving management. We actively advocate the concept of energy conservation, emission reduction of green environmental protection, and make outstanding contributions to the construction, as well as development of the industry.

Keywords: Information Service; Technical Service; Suggestions ; China General Machinery Industry Association

B. 12 Case Study of China Ocean Fishery Association

/ 131

Abstract: The China Ocean Fishery Association is committed to safeguarding and expanding the rights and interests of China's marine fisheries, providing support to member enterprises in abiding by the contract, providing suggestions to the competent departments, promoting the progress of industry management, giving play to the advantages of the industry, and carrying out public welfare activities and public service activities.

Keywords: Guarantee; Advantage; Support; Suggestions; China Ocean Fishery Association

B. 13 Case Study of China Women's Development Foundation / 135

Abstract: In recent years, the China Women's Development Foundation has

made continuous innovation and development. They actively explored institutional governance, fund-raising, project implementation, building of public credibility, and has achieved good results. It adheres to the concept of "service-oriented". The brand building and innovation as the wing, the cooperation as the road, they continue to make new contributions to serving women and families.

Keywords: Fund Raising; Brand; Innovation; China Women's Development Foundation

B. 14 Case Study of China Population Welfare Foundation

/ 141

Abstract: The China population Welfare Foundation takes promoting social equity, justice, the well-being of the people as its starting point and foothold. They actively adapt to the new situation and new tasks of population and health development by finding a correct position and having the courage to assume its responsibilities. The breakthroughs have been made in the creation of independent public welfare brands, systematic and mechanism innovation, project construction, and other advantage works.

Keywords: Brand; Project; System and Mechanism; China population Welfare Foundation

B. 15 Case Study of China Coal Mine Pneumoconiosis Prevention and Control Foundation

/ 148

Abstract: The China Coal Mine Pneumoconiosis Prevention and Control Foundation has actively expanded its collection channels, raised funds in various ways, continuously promoted new breakthroughs in scientific research, provided technical support for the government, as well as promoted the promulgation of policies for the prevention and control of pneumoconiosis. At the same time, in the pneumoconiosis rehabilitation project, "migrant workers washing lung dust relief project", "provincial and ministerial pneumoconiosis model public welfare relief project" and other projects, the implementation of rapid progress, remarkable results.

Keywords: Raising Channel; Technical Support; Project; China Coal Mine Pneumoconiosis Prevention and Control Foundation

Ⅳ Suggestions

Abstract: Under the national modernization governance system, social organization evaluation has become an important mechanism for multi-subjects participate in social collaborative governance. In recent years, the expected effects of "evaluation by evaluation, promotion by evaluation, and development by evaluation" set by Social Organization Evaluation are shown and strengthened. However, the capacity of social organization evaluation agencies has to be improved. The index system and technical methods of social organization evaluation have yet to be completed. The scope of application of assessment results needs to be expanded. In response to the problems faced by Social Organization Evaluation, we should continue improving the social organization evaluation mechanism, and start the revision of the Social Organization Evaluation Management Measures. When conditions are ripe people should improve social organization evaluation standards and make better the evaluation methods, and strengthen social organization capacity building, promote the application of social organization evaluation results further.

Keywords: Social Organization Evaluation; Evaluation Mechanism, Capacity Building

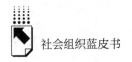
Abstract: A social organization is an important force to drive China's socialist modernization and play an increasingly important role in political consultation, public service, social governance and think tank construction. At present, it is necessary to make full using of social organizations in serving the country, serving the society, serving the masses, and serving the industry, strengthening the social organization of Party building, improving the social organization management system, completing the social organization self-discipline mechanism, and actively undertaking the government to purchase public services.

Keywords: Social Organization Development; Social Organization Party Building; Social Organization Management System

Ⅴ Appendix

社会科学文献出版社

皮书系列

✦ 皮书起源 ✦

"皮书"起源于十七、十八世纪的英国,主要指官方或社会组织正式发表的重要文件或报告,多以"白皮书"命名。在中国,"皮书"这一概念被社会广泛接受,并被成功运作、发展成为一种全新的出版形态,则源于中国社会科学院社会科学文献出版社。

✦ 皮书定义 ✦

皮书是对中国与世界发展状况和热点问题进行年度监测,以专业的角度、专家的视野和实证研究方法,针对某一领域或区域现状与发展态势展开分析和预测,具备原创性、实证性、专业性、连续性、前沿性、时效性等特点的公开出版物,由一系列权威研究报告组成。

✦ 皮书作者 ✦

皮书系列的作者以中国社会科学院、著名高校、地方社会科学院的研究人员为主,多为国内一流研究机构的权威专家学者,他们的看法和观点代表了学界对中国与世界的现实和未来最高水平的解读与分析。

✦ 皮书荣誉 ✦

皮书系列已成为社会科学文献出版社的著名图书品牌和中国社会科学院的知名学术品牌。2016年,皮书系列正式列入"十三五"国家重点出版规划项目;2013~2018年,重点皮书列入中国社会科学院承担的国家哲学社会科学创新工程项目;2018年,59种院外皮书使用"中国社会科学院创新工程学术出版项目"标识。

中国皮书网

（网址：www.pishu.cn）

发布皮书研创资讯，传播皮书精彩内容
引领皮书出版潮流，打造皮书服务平台

栏目设置

关于皮书：何谓皮书、皮书分类、皮书大事记、皮书荣誉、
　　　　　皮书出版第一人、皮书编辑部

最新资讯：通知公告、新闻动态、媒体聚焦、网站专题、视频直播、下载专区

皮书研创：皮书规范、皮书选题、皮书出版、皮书研究、研创团队

皮书评奖评价：指标体系、皮书评价、皮书评奖

互动专区：皮书说、社科数托邦、皮书微博、留言板

所获荣誉

2008 年、2011 年，中国皮书网均在全
国新闻出版业网站荣誉评选中获得"最具
商业价值网站"称号；

2012 年，获得"出版业网站百强"称号。

网库合一

2014 年，中国皮书网与皮书数据库端
口合一，实现资源共享。

权威报告·一手数据·特色资源

皮书数据库
ANNUAL REPORT(YEARBOOK)
DATABASE

当代中国经济与社会发展高端智库平台

所获荣誉

- 2016年，入选"'十三五'国家重点电子出版物出版规划骨干工程"
- 2015年，荣获"搜索中国正能量 点赞2015""创新中国科技创新奖"
- 2013年，荣获"中国出版政府奖·网络出版物奖"提名奖
- 连续多年荣获中国数字出版博览会"数字出版·优秀品牌"奖

成为会员

通过网址www.pishu.com.cn访问皮书数据库网站或下载皮书数据库APP，进行手机号码验证或邮箱验证即可成为皮书数据库会员。

会员福利

- 使用手机号码首次注册的会员，账号自动充值100元体验金，可直接购买和查看数据库内容（仅限PC端）。
- 已注册用户购书后可免费获赠100元皮书数据库充值卡。刮开充值卡涂层获取充值密码，登录并进入"会员中心"—"在线充值"—"充值卡充值"，充值成功后即可购买和查看数据库内容（仅限PC端）。
- 会员福利最终解释权归社会科学文献出版社所有。

数据库服务热线：400-008-6695
数据库服务QQ：2475522410
数据库服务邮箱：database@ssap.cn
图书销售热线：010-59367070/7028
图书服务QQ：1265056568
图书服务邮箱：duzhe@ssap.cn

社会科学文献出版社 皮书系列
SOCIAL SCIENCES ACADEMIC PRESS (CHINA)
卡号：519994734419
密码：

S 基本子库
SUB DATABASE

中国社会发展数据库（下设 12 个子库）

全面整合国内外中国社会发展研究成果，汇聚独家统计数据、深度分析报告，涉及社会、人口、政治、教育、法律等 12 个领域，为了解中国社会发展动态、跟踪社会核心热点、分析社会发展趋势提供一站式资源搜索和数据分析与挖掘服务。

中国经济发展数据库（下设 12 个子库）

基于"皮书系列"中涉及中国经济发展的研究资料构建，内容涵盖宏观经济、农业经济、工业经济、产业经济等 12 个重点经济领域，为实时掌控经济运行态势、把握经济发展规律、洞察经济形势、进行经济决策提供参考和依据。

中国行业发展数据库（下设 17 个子库）

以中国国民经济行业分类为依据，覆盖金融业、旅游、医疗卫生、交通运输、能源矿产等 100 多个行业，跟踪分析国民经济相关行业市场运行状况和政策导向，汇集行业发展前沿资讯，为投资、从业及各种经济决策提供理论基础和实践指导。

中国区域发展数据库（下设 6 个子库）

对中国特定区域内的经济、社会、文化等领域现状与发展情况进行深度分析和预测，研究层级至县及县以下行政区，涉及地区、区域经济体、城市、农村等不同维度。为地方经济社会宏观态势研究、发展经验研究、案例分析提供数据服务。

中国文化传媒数据库（下设 18 个子库）

汇聚文化传媒领域专家观点、热点资讯，梳理国内外中国文化发展相关学术研究成果、一手统计数据，涵盖文化产业、新闻传播、电影娱乐、文学艺术、群众文化等 18 个重点研究领域。为文化传媒研究提供相关数据、研究报告和综合分析服务。

世界经济与国际关系数据库（下设 6 个子库）

立足"皮书系列"世界经济、国际关系相关学术资源，整合世界经济、国际政治、世界文化与科技、全球性问题、国际组织与国际法、区域研究 6 大领域研究成果，为世界经济与国际关系研究提供全方位数据分析，为决策和形势研判提供参考。

法律声明

　　"皮书系列"（含蓝皮书、绿皮书、黄皮书）之品牌由社会科学文献出版社最早使用并持续至今，现已被中国图书市场所熟知。"皮书系列"的相关商标已在中华人民共和国国家工商行政管理总局商标局注册，如LOGO（ ）、皮书、Pishu、经济蓝皮书、社会蓝皮书等。"皮书系列"图书的注册商标专用权及封面设计、版式设计的著作权均为社会科学文献出版社所有。未经社会科学文献出版社书面授权许可，任何使用与"皮书系列"图书注册商标、封面设计、版式设计相同或者近似的文字、图形或其组合的行为均系侵权行为。

　　经作者授权，本书的专有出版权及信息网络传播权等为社会科学文献出版社享有。未经社会科学文献出版社书面授权许可，任何就本书内容的复制、发行或以数字形式进行网络传播的行为均系侵权行为。

　　社会科学文献出版社将通过法律途径追究上述侵权行为的法律责任，维护自身合法权益。

　　欢迎社会各界人士对侵犯社会科学文献出版社上述权利的侵权行为进行举报。电话：010-59367121，电子邮箱：fawubu@ssap.cn。

社会科学文献出版社